福澤が夢見たアジア——西郷の大変革

——明治維新一五〇年と日中文明比較論——

井尻秀憲
（東京外国語大学名誉教授）

◉目次

序章　21世紀の世界史の重心がアジアへ——グローバル・ヒストリーの視点

本書は、本論への導入として第一章と二章で、アメリカ人と日本人の対中認識と日中文明への相互認識を比較する。

読者には冒頭から本書のタイトルとの違和感を覚えさせて恐縮だが、これにより、私達は、日米双方の対中認識の意外な側面を見ることができる。

アメリカ人が中国への強い想い入れを懐き、逆に日本人に対して厳しく、さほどの好感を抱いていないこと。日米双方の一部が中国への言いしれぬ「贖罪意識と自虐性」に囚われていること。

それは、日本ファシズムの失敗が真珠湾攻撃を誘発したように、近代から現代まで「中国と如何に向き合うか」が日米双方にとって大きな課題であり続けていることを考える契機になるからだ。

本書はまた次の三つのモチーフを有している。一つ目は、グローバル・ヒストリーという概念が示すように世界史はアジアの側から見つつ、描き直す必要性が生じているということ。

2つ目は、台頭する中国と如何に向き合い、双方やそれ以外の文明論との比較により、日本文明の特殊性への理解だけではなく、アジアで「共存共有のもの」を希求すること。

3つ目は、明治維新一五〇年と第四次産業革命に遭遇する世界各国が、日本文明の進歩の精神に自ずと影響され、「新たな世界文化」がいずれは創出されるであろうことを問いたいメッセージとして示唆する点にある。

1　アジアの視点から世界史を考える——多文明のなかのアジア

二一世紀に入って、欧米中心の見方や思考は変容を迫られている。日本は近代に入り、アジアからの離脱を急速に始めて欧米的な近代国家となった。いわゆる「脱亜入欧」だ。

逆に中国は近代化に失敗した。

私達は日本や中国の近代化について、当事者の側から観察することに不慣れになっている。欧米の側とは逆の中国や日本側から見てみると、歴史のスクリーンに「多文明の中で生きる人々」、「中華思想」や「日本人の心」など、個性をもった精神構造が浮かび上がってくるのだ。

ハーバード大学で長く教鞭をとってきたS・ハンチントンの著作『文明の衝突』が、中華文明や日本文明が独自の文明をもつという問題を提起したことは良く知られている。

その著『西洋の没落』で知られるオズワルド・シュペングラーによると、日本が独自の文明をもつようになったのは、紀元五世紀頃からだったという。

逆に中国が過去において自国に内包されている政治的統一体を最初に作り上げたのは、紀元前二二一年の秦の時代であった。

それ以前の中国とは、「東夷、西戎、南蛮、北狄」の諸民族が、洛陽を中心とする黄河中流域の盆地をめぐって興亡と融合を繰り返しながら、中国人・漢民族が形成された数千年の歴史をもつ「大中華圏」だった（橋本万太郎編『漢民族と中国社会』山川出版社、一九八四年)。

その周辺には、朝鮮、ヴェトナム、琉球や「ウチアジア圏」つまり非中国系の満州、ウイグル、チベットと、その外にある「異邦人」(「化外の民」モンゴル・台湾など)の地域が存在してきた。

現代の中華文明も、似たような構造になりつつある。中核としての漢民族、中国の一部だが自治権を与えられ、他の文明を基盤とする非中国系の民族が多く住んでいるチベット・新疆ウイグル・内モンゴル自治区。一定の条件で中国の一部になる可能性のある香港、そうなりそうにない台湾。

圧倒的に中国人が多い都市国家シンガポール、中国人が大きな勢力をもつタイ、マレーシア、インドネシア、フィリピン、そして、非中国系でありながら、中華の儒教文明の多くを共有する南北朝鮮とヴェトナムといった構図だ(ハンチントン『文明の衝突』集英社、一九九八年、二五四頁)。

2　日中文明の比較論――米中の覇権とどう向きあうか

私が日中の文明の比較・衝突に目を向けるのは、日本文明が基本的に中国文明と異なる側面を有しているからだ。また、日本が一九世紀に近代化を遂げながらも、日本文明が西欧文明とは異なる独自のものを作り上げたからでもある。日本は近代化されたが、西欧にはならなかったのだ。

国際的な存在になって以来、日本の指導者は、世界の問題に支配的な力をもつと思われる国と手を結ぶのが自国の利益にかなうと考えてきた。第一次大戦以前のイギリス、大戦間のファシスト国家、第二次大戦後のアメリカがそうだ。

中国が大国として発展し続ければ、中国を東アジアの覇権国とし、アメリカを世界の覇権国として対応しなければならない問題にぶつかる。これにどう対処するかが、東アジアと世界の平和を維持する上で、決定的な課題となる（ハンチントン『文明の衝突と21世紀の日本』日本語版への序文、一―二頁）。

シンガポールの駐国連・米国大使を歴任したトミー・コーは一九九三年に、「文化的ルネサンスがアジア全域を席巻している」と表現した。それは「自信を深めていくこと」を意味し、結果としてアジア人は「もはや西欧的、アメリカ的なものは必ずしも最良のものではない」と見なすようになった。

「このルネサンス、つまり文化の復興が顕著に現れているのが、アジア諸国それぞれの文化的アイデンティティを固有のものとして強調し、同時に西欧文化にたいする概念としてのアジア共通の文化を強く意識する動きである」。

「こうした文化的復興の重要性は、東アジアを代表する中国・日本と西欧文化との関係が変化していることからも読み取れる。さらに、まずアジアと世界で、次いでアジア諸国のあいだで、経済成長率や貿易高が飛躍的な拡大を遂げた。アジア経済のこうした成長は、ヨーロッパやアフリカ諸国の緩やかな発展、そして世界の他の地域のほとんどに蔓延している停滞とみごとなまでの対照を示している」(『文明の衝突』、集英社、一九九八年、一五一頁)。

ハンチントンは、アメリカの国内にいる理想主義者に敢えて論争を挑み、「アメリカのアイデンティティと国益を守らなければならない」という使命感と危機感でもって、このような世界にたいする訴えを現実のものとしたのだろう。

だとすると、戦後の日本人がこうした言説をどのように汲み取り、日本人として如何に対応すべきか、という日本の精神構造の有りようが問われてくる。

ここで重要なのは、ハンチントンや文明史の代表的な論客が繰り返し強調してきた日本文明の独自性とその文明的アイデンティティが実存しており、それは中国文明などとは全く異質のものを形成しているという見方だ。

戦後の日本人にとって、「果たして日本に独自の文明など、あるのだろうか」いうネガティブな疑問を呈する人もいるだろう。「日の丸・君が代」を忌み嫌う発想も、おそらく戦後世代が作り出した現代日本の不自然な倫理的精神だったのかもしれない（以上の記述については、中西輝政「解説」『文明の衝突と21世紀の日本』前掲書、参照）。

日本人の宗教観の現実をありのままに見ると、日本人はクリスチャンが少なく、イスラム教にはさほど手をつけないし、神社とお寺を横に並べる「神仏混合」は日本人の特殊性に他ならない。また、神社には「天」という発想はあっても、キリスト教や仏教での「天国」という発想はない。

私とハンチントンとの異なる見解は、将来の中国に関する見方のなかにある。ハンチントンは、将来の中国を安定的で、経済成長も続けるだろうと見ている。私は逆に中国の将来を経済的に楽観できず、毛沢東に近づこうとする習近平の政治手法は、中長期的に大きな課題を抱えることになると考えている。

文明論的に見ると、習近平は終身制の導入で、建国一〇〇年の二〇四九年まで指導者であり続けようとするだろう。だが、二〇四七年の香港返還を触媒にした「宮廷クーデター」などの発生で政権が崩壊する可能性がある。それでも後述する「易性革命」で中華文明は政権の名前を替えて存続するだろう。

問題は、私が日本文明の独自性を主張するからといって、私はそれが、「独自性」だけで終わってしまうとも考えてはいない。かつて、多くの論客から、「アジアに共通の普遍的な価値があるのか」と問われた時、以前は「西欧にはあっても、アジアにはない」と答えていた。

だが、最近私は、日本文明の「雑居性が独自なもの」であればあるほど、「アジア」においては、「日本文明の独自性」が共有され、長期的には「アジア諸国の多元的文化の共生」や「新たな世界文化」（西田幾太郎）の創出に役立つのではないかと考え始めている。

同時に、前記のような議論を先取りするかのように、明治の文明開化論者として知られる福澤諭吉はその著『文明論之概略』のなかで、「神仏混合」や「権威と権力の分離」などを、書き残していた。

福澤は「中国には思想がない」し、孔子・孟子が「一生狭い範囲のなかに生き、一歩を踏み出すことができなかったので、その説も自然と体裁を失って、半ば政治談義を交えるだけになって、『フィロソフィー』としての品格を落とすことになった」と述べていた。

ここで一つだけハンチントンの間違いを指摘すると、彼の言う「儒教・イスラム・コネクション」はありえない。儒教はあくまで、「孔孟の教え」であって、宗教ではない。宗教を考えるなら中国の民間宗教・道教の方がイスラムと結びつきやすいが、一神教のイスラムと先祖崇拝多神教の道教が結びつくのは難しい。

さらに言えば、中国が使っているのは儒教を元にしたナショナリズムと社会主義イデオロギーだ。習近平は、二〇一三年の三月五日から一七日まで、中国の国会にあたる全国人民代表大会を開き、国家主席に選出された。ここで習主席は中国の「ナショナリズム」を次のように訴えた。

「中華民族は非凡な創造力を備えた民族」、「心と力を合わせた興国の魂、強国の魂」、「中華民族の偉大な復興という中国の夢の実現」などである（習近平の第一二期全国人民代表大会での「講話」『人民日報』二〇一三年三月一八日）。

私見によれば、こうした「中華民族の復興」を唄ったのは習近平が初めてではない。一九四九年九月、「建国の父」である毛沢東は、中華人民共和国の成立を前にして、「中国人民は、侮辱されることのない国民となるであろう」と語っていた。

3 明治維新一五〇年と日本の進歩の精神――醸成された「変動の力学」

他方、二〇一八年は明治維新一五〇周年にあたる。第四次産業革命に突入した二一世紀の世界精神と明治維新以前から流入してきた諸外国の思想を、日本はどのように受容し、日本人の心を作り上げてきたのか。

第一の開国は明治維新だが、それは、薩摩・長州を中心とする「官軍」によって敢行された。第二の開国は戦後だが、昭和維新は、山形・青森などを中心とするかつての「賊軍」によって敢行された（第一の開国を室町幕府の崩壊とする見方もある）。この日本の地方での役割分担も日本の独自性を示している。

そしてまた、第三の開国というべき今日の日本はどのような精神構造や日本人の心でもって、東アジア多文明のなかでの中華文明と共生・対決しようとしているのか。

ここでまさに、「出会いと共存、そして連帯感」や「基本的人権と人類愛」という最も重要なキーワードに遭遇する。そして、「日本人の心の核心」が多文明の中で生きる人々の心と触れ合うことで、今度は日本やアジアから新たなグローバル・ヒストリー（世界史）を描く時代を迎えていることを示すのが、本書の狙いでもある。

幾つかの例を上げると、徳川幕藩体制では、外様大名は薩摩藩のように大きな富を蓄積していたが、権力は与えられていなかった。逆に直参旗本には権力が与えられていたが、富はさほど与えられていなかった。この富と権力の不均等配分が日本文明の特殊性を反映していた。

日本には、「権威」と「権力」の分離があり、「権威」としての天皇が存在し、将軍は「権力」を有していた。これは日本独特のものではなく、西欧の君主制でも、君主が「権力」を有していたのに対して、「権威」はローマ法王に与えられていた。

ただし、徳川幕藩体制には、参勤交代などの特殊な制度があった。以上の記述のすべてではないが、類似の問題を、福澤諭吉は『文明論之概略』のなかに見事に書き残していた。

そうした中で東アジアの思想状況を見てみると、北朝鮮は「主体思想」という朝鮮式の自立の思想とイデオロギーを有している。韓国は李朝時代からのミニ中華思想と「事大主義（大国に寄り添う）」を特徴とする。中華民族の偉大なる復興を唱える中国は、儒教を基礎にしたナショナリズムと社会主義イデオロギーを国是とする。

ただ、私達は、福澤が理解しえた時代から一五〇年後のはるかに複雑な「今」を生きている。西洋近代を踏まえた上で、アジアの側から過去と未来を対話させる新たな視点が求められているのだ。日本の進歩思想に課される責務も大きい。

戦後の代表作「超国家主義の論理と心理」で論壇の寵児となった丸山真男の言う日本精神の「古層」は、古来からの「神道」が「漢意（からごころ・儒教）、仏意（ほとけごころ・仏教）、洋意（えびすごころ・キリスト教）に由来する永遠像」に触発されるとき、それとの摩擦を通じて、変動の力学を発育させる土壌となった。歴史的因果関係をたどれば、ワインを醸成してブランデーにするように。人材で言えば第二の西郷を求めるように。

日本人の歴史認識を特徴づける「変化の持続」や「進歩の精神」は、現代日本を世界の最先進国に位置づける要因なのかもしれない。この現実をグローバル・ヒストリーにおける「理性の狡知のもう一つの現れ」としながら、「日本精神の永遠の発展の契機」と捉えるとき、「変化の持続」や「進歩の精神」は、物事の自然の流れに即して動いていく。この変化の過程は誰も止めることができないし、アジア諸国の思想形成にも自然と影響を与えるだろう（丸山眞男「歴史意識の古層」『忠誠と反逆』ちくま学芸文庫、三八〇―四二三頁、拙稿「連載を始めるにあたって」『フォーサイト』二〇一八年二月二三日）。

第一章　アメリカ知識人の日中文明論――想い入れと自虐性

アメリカが文明国と呼ばれるようになったのは、一八九八年の米西戦争に勝って、フィリピン、グアム、プエルトリコを獲得したときであった。日本が文明国と呼ばれるようになったのは、一九〇四―〇五年に日露戦争に勝ち、南樺太を獲得、韓国の保護権、遼東半島の租借権を得たときからであった。

1　アメリカ人の海洋・大陸国家としての中国像

アルフレッド・T・マハンら地政学に基づく海洋戦略家は、アメリカの太平洋国家としての拡張主義的構想に固執していた。それはまさに、戦略上ヨーロッパ第一主義を取るジヨージ・ケナンら現実主義者が最も恐れた、アジアへの「心情主義」にひきずられたアメリカの戦略的版図の拡大に他ならなかった。

ケナンは、アメリカ人の心理に占める強い「中国への想い入れ」を次のように指摘した。「われわれの極東政策とヨーロッパ政策の間にはっきりした相違をみる。……疑いもなく極東の諸国民に対するわれわれの関係は、シナ人に対するある種の心情主義によって影響されていた」（『アメリカ外交50年』、増補版、邦訳、一九八六年）。

ケナンのこの指摘、すなわちアメリカ人の心理に占める「中国への想い入れ」や「シナ人に対するある種の心情主義」は極めて的を射たものであった。というのも、アメリカは冷戦期において、ヨーロッパでは戦争をしていないが、アジアにおいては朝鮮戦争とヴェトナム戦争を戦っている。

しかも、アメリカは「中国国内」での紛争には全く介入していない。朝鮮戦争でマッカーサーが三八度線を越えて中朝国境付近まで北上したとき、中国は革命に勝利して建国したばかりであり、国内の荒廃状態を回復するのに忙しく、戦争をするような状況ではなかった。

だが、「現代史の画期」と言われた朝鮮戦争で米軍主導の国連軍が中朝国境に接近したとき、国連軍を中国国内に引き込むのではなく、自ら中朝国境を越えて初めて米軍と戦った。これは何故なのか。

国際関係論や社会科学の理論では説明できないのだが、私はアメリカ人による「中国文明への想い入れ」が、中国国内での紛争介入を阻んできたと考える。その意味で米中関係は、アメリカとアジアとの出会いのなかで特殊な位置を占める、すぐれて「文明史的な接触」に他ならなかったのだ。

2 「過去へのノスタルジア」が生む甘さと呪縛

一九六〇年代末から七〇年代初めに一世を風靡したニクソン・キッシンジャーの秘密外交による米中接近は、ヴェトナム戦争に挫折したアメリカが、文化大革命で孤立化した中国を国際社会の舞台に引き出した。同時にそれは、アジアのデタントと多極化を推進することによってアメリカ撤退以後のアジアのパワー・バランスを再編成するという「レアルポリティーク（realpolitik）」（現実政治）の妙味を示した一大壮挙であった。

「レアルポリティーク」と「パワー・ポリティクス」は、米国では同じ意味だが、ヨーロッパ（とくにドイツ）では、意味が異なる。「レアルポリティーク」とは、例えばウイーン会議において、オーストリアのメッテルニヒが時間を使ってひたすら「待つことで」合意を形成したような事例にあてはまる。「政治の技芸（アート）」を必要とする外交政策だ。

これに対して「パワー・ポリティクス」とは、ドイツのビスマルクのように、力（パワー）を要素として、そのバランスを冷徹に図ることで国際政治の安定を追求するもので、「力の露出」の国際政治学だ。

ニクソン・キッシンジャー戦略が功を奏したのは、アメリカが、中ソ対立の厳しい現実のなかで、アジアにおける中国の戦略的重要性に着目し、それをソ連への「政治的（political）」なカウンターウエイトとして活用しつつ、同時に米ソのデタントをも追求したからだ。

そこで形成された米中ソの三関係は、「やわらかい三角形（triangle）」とでも呼ぶべきものであった。この「やわらかい三角形」と言う言葉は私の造語であり、米中の軍事協力を含まない。

私は「硬い三角形」という言葉も自分の造語として使っているが、そこでは米国の対中軍事協力も含まれる。一九七九年の米中国交樹立を手がけたカーター・ブレジンスキー外交は、中国を「軍事的（military）」なカウンターウエイトとして活用し、米中軍事協力の推進によって、対ソ・デタントよりも対ソ牽制に主眼を置くものであった。

カーター政権は、米中ソの「硬い三角形（triangle）」を形成することによって、日本を含めた米中日の「反ソ反覇権」連合戦略へと傾斜していったのだ。

この二つの三角形の使い分けは、いささか我田引水になるが、私がカリフォルニア大学（UC）バークレー校に留学中、同大学の教授に話したところ「上手い使い分けだと」評価してくれた（拙稿「『ニクソン』『カーター』で異なった米中ソ『三角形』の力学」『フォーサイト』二〇一八年三月二〇日）。

米中和解のみならず、米ソデタントを進めたニクソン・キッシンジャーは米国にとって有用な政策を進めた。ところが、カーター・ブレジンスキーは、外交と称するものなら何でも関与することを目指していた。

カーター大統領は、対ソ政策において何を目標とすべきか分かっていなかった。時代が冷戦期にあったのだから、米国の対外政策の軸は「対ソ戦略」でなければならなかった。

カーターがそれに気付いたのは、政権末期になってからであり、そこで初めて「対ソ強硬」戦略をとるようになったのだ。カーターは対外政策の面で何が米国の基軸であるべきかについて気付くのが遅かった。

また、カーター時代のアメリカにおいては、UCサンディエゴ校のスーザン・シャークが米外交誌『フォーリン・ポリシー』（一九七七―七八年冬季号）に寄せた論文のなかで批判的に取りあげたように、普遍的な価値であるはずの人権問題を中国については論じないという「中国の例外性」が容認された。

カーター政権は、韓国や南アフリカにたいしては人権問題を取り上げたが、中国に対しては何も言わなかった。人権外交は、人権の普遍性と言う意味からして、対象国に関するバラツキがあってはならないのだ。

他方、一九八九年の天安門事件の衝撃が冷めやらぬ九月末から一〇月初旬にかけて、ニクソン元大統領とキッシンジャー元国務長官が相次いで中国を訪問し、六月四日の「血の日曜日」の責任者である鄧小平らとの会談に臨んだ。キッシンジャーは、「瞬時の感情で米中関係を悪化させるべきでない」と語ったが、私はその言葉をキッシンジャーに返したいくらいだ。

「瞬時の感情」ではなく、時間をとって冷静に考えれば考えるほど、天安門事件の責任を中国にたいして要求すべきであり、中国に代価を支払わせるべきなのだ。高官の接触停止どころではなく、もっと強い制裁措置をとるべきだったのだ。

中国ではすでに天安門事件以後、幹部用の内部資料の中で、「アメリカはいずれは米中関係の改善に乗り出してくるはずである」との観測がなされていた。中国指導部は、アメリカの従来からの「中国重視」政策を逆手に取らんとする高姿勢を強めていたのだ。

したがって、「天安門広場の人権弾圧も中国のかつての『大躍進』や文化大革命の犠牲に比べるとさほどのことではない」とするニクソンの論理や、「瞬時の感情でもって米中関係を悪化させるべきではない」とするキッシンジャー流のロジックは、中国に逆利用されてしまいかねない危険性を孕んでいた。

ニクソンは「人権」「人の命の尊さ」という点で、私と全く異なる見解を有していた。たとえ、大躍進や文革で多大の犠牲を払ったとしても、「人の命」というのは、「数」の問題ではない。一人ひとりの人間の「命の重さ」に変わりはない。ニクソンは、明らかに考え違いをしていた。

アメリカの中国研究者のなかで、カーター政権下の中国政策のブレーンであったマイケル・オクセンバーグや中国学の重鎮であるドーク・バーネット、ジョン・K・フェアバンクなども、「感情」に流されない外交の必要性を説いた。彼らは「中国政府の安定性」を「米国の利益」だとする発言を行うことによって、結果的には中国指導部にたいして「軟弱」ともいえる姿勢を示していた。

私見では、こういう時にこそ、米国は中国に対して「強く」出るべきなのだ。中国に対して強く出るということは「感情」に流されている訳でもない。「中国政府の安定性」が「米国の利益」だというのであれば、天安門事件の代価を中国に十分に支払わせたうえで、中国が安定してこそ「米国の利益」に合致するのだ。

ニクソン、キッシンジャーらにとっては、一九五〇年代、六〇年代の「孤立した中国」と「米中対立」の時代は、どうしても再現したくない「悪夢」であった。

そうした冷戦政策への「罪の意識」に加え、一九七一年以来の改善された米中関係を壊してはならないという「過去へのノスタルジア（郷愁）」。さらに戦略上の「地政学的なバランス」の点からして、「彼らが、これ以上中国との関係を悪化させたくない」と考えたとしても不思議ではない。

だが、私としては、オクセンバーグ、バーネット、フェアバンクらがアメリカの冷戦政策への「罪の意識」を覚えるというのは、全く理解できない。こういう時期だからこそ、米国は中国に対してタフに出るべきだったのだ。

ニクソン、キシンジャーは、一九六〇年代末から七〇年代初めに自分たちが実現した米中接近の「正しさ」を無にしたくないため、その後の中国に対してタフに出れない。まさに、「過去へのノスタルジア」に呪縛されていたのだ。

3 現実主義者のロマンスとは

それは、戦略的思考においては「現実主義者」でありながら、七一年以来の「改善された米中関係」という「過去へのノスタルジア」や「中国への想い入れ」という「感情」に彼ら自身が流されていることを理解しない「現実主義者のロマンス」であった。

また、キッシンジャーは、『キッシンジャー回想録・中国（下）』において、米中関係は、潜在的に「対立」だと述べていたが、そのような前提に立つから、「協調」を求めるようになる。私はその逆で、米中関係は潜在的に「協調」の関係にあり、だからこそ「対立」「衝突」に目がいくのだ。

しかし、ブッシュ（父）政権は、中国の強権政治の実質がほとんど変わらないにも拘わらず、それに苛立ちながらも、従来からの「中国重視」政策を継続する努力を重ねていった。

これに対して、事件以前から何がしかのアクション採らんとしていた米国議会は、天安門広場の「虐殺」に遭遇するやいなや、ホワイトハウスよりも強硬な対中制裁措置を打ち出した。

一九八九年一二月一三日、下院外交問題委員会のアジア・太平洋問題と国際経済政策・貿易の合同小委員会での公聴会が開かれた。そこでジェデンソン議長は次のように述べていた。

「世界はいまや、東欧の民主革命など、毎週のように異なる国の自由を愛する人々がその目標を平和的に達成するのを目撃している。この素晴らしい革命の陶酔感のなかで、ブッシュ大統領は、六〇〇〇マイルも離れた中国政府に謝るために二人のハイ・レベルの高官を派遣した。米国大統領はついに世界にたいしてメッセージを送ったが、不幸なことに、それは間違ったものであった」。

また、下院はイーグルバーガー国務副長官の公聴会での証言を求めたが、議長がいうように、「六〇〇〇マイルの中国に彼を派遣した」政府は「二マイルしかない」キャピタル・ヒルの議会への派遣を拒否し、実際この公聴会には、政府関係者の姿は見られなかった（以上の記述については、拙著『アメリカ人の中国観』文春新書、二〇〇〇年、『迫りくる米中衝突の真実』PHP研究所、二〇一三年、参照）。

4　中国の人権問題とキッシンジャーの過ち

二〇〇八年の北京オリンピック以後、反体制派に対する弾圧は広く行われてきたが、その半年ほど前から弾圧路線がますます厳しくなった。この流れを刺激していたのは、「ジャスミン革命」（チュニジア独裁政権の崩壊）が中国に飛び火するのではとの懸念であったが、これは起きなかった。実際、中国が弾圧政策を一層強化し始めたのは二〇一一年二月以降だ。

それまでは、非合法とされている政党や組織のリーダーを捉えて長期に投獄するというのが中国の手法だったが、この時点からの弾圧は中国の人民社会のあらゆるところに及んできた。人権弁護士の拘束や、非政治的な非政府組織のリーダーが取り調べを受けたり、芸術家で人権活動家のアイ・ウェイウェイ（艾未未）のような著名な人物も逮捕された。

状況は天安門事件時と同じだが、違いは当局が民衆に銃を向けていないだけ。地方でのデモを弾圧するために警察はかなり手荒なことをやっているが流血の事態はない。

米中の軍事関係は、その後もスムーズに展開したとは言えない。当時の北京にとって米中関係に占める軍事関係の重要性は低かった。逆にアメリカは、これを最も重要な関係の一部と見なしていた。そこには大きな認識の違いが存在したのだ。

軍事化関係の交渉に応じることを中国は「アメリカへのプレゼント」のようなものと認識しており、今後中国軍がパワーを増すにつれて、米中軍事関係は大きな問題を抱え込むこととなり、ペンタゴン（米国防総省）は強く警戒していた。

中国の政治家は自国の文化に則した相対的な人権概念を確立しようと試みている。だから北京が、「人権問題を交渉テーブルの俎上に載せれば友好関係を損なう」と主張してもなんら不思議はない。

結局のところ、北京が人権概念を重視していないことは、内外における枢軸パワーにとって大きな弱点であり、他方アメリカの人権擁護・促進策は、世界政治における最も成功している路線なのだ。

驚くべきは、キッシンジャーという類まれな戦略家が、「人権問題の交渉は中国のルールで行うべきだ」と考えていることだ。これは中国の戦略を模倣するというよりも、それに屈することを意味しないだろうか。

人権というアメリカのイデオロギーの中枢原則を強調し、解決はできないとしても、他の領域でのアメリカの強さを行使しつつ、これを二国間交渉の場で取り上げることこそ、台頭する中国に対して、アメリカの利益を損なうことなく行動できる境界がどこにあるかを知らせる優れた方法ではないのか。

5　迫られる「チャイナ・カード」論の再考

一九七二年の米中接近は、既述のように、ヴェトナム戦争で勝てなかった米国がアジアから撤退していく際に、アジアに力の真空が生まれ、そこにソ連が入り込んでくることを阻む意図があった。そこで目を付けられたのが文化大革命で孤立していた中国であり、中国をソ連のカウンターウエイトとしてアジアの国際秩序の中に復帰させることが意図された。いわゆる「チャイナ・カード」論の実践化だ。

米国は、中国とソ連の双方と関係を改善することによって北ヴェトナムを孤立させ、また、米中接近によってソ連や北ヴェトナムとの外交交渉を有利に展開しようとしていた。

近年公開されたニクソン政権期の外交資料（公文書）を分析すると、米中接近では、たしかにソ連を牽制する意図があったが、新資料では米ソ関係改善のためにも、アジア地域で一定の勢力を有する中国を利用する意図があったことが読み取れるという。

ニクソン・キシンジャーの対ソ対中デタント政策は、単に中国を利用してソ連を封じ込めるというほど単純なものではなかった。「チャイナ・カード」論で説明しようとする論客は、米ソデタント成立過程の詳細な考察や米中関係と対ソデタントとの相関関係を見落としている。

さらに、アメリカの目的が、中国と結託してソ連に対抗するものではない以上、米ソ交渉の継続が重要であった。一九七〇年代初頭の衰退しつつあるアメリカの現状を見るにつけ、キッシンジャーは「チャイナ・カード」ではなく、アメリカの「覇権の優位」にこだわっていたとも言われる（竹本周平「ニクソン政権の『二つのデタント』政策――『チャイナ・カード論』の再検討」（『中国研究論叢』第一一号、二〇一一年九月発刊）。

この指摘は、日本の若き学徒の新説として重要だ（Henry Kissinger, On China New York: Penguin Books, 2011）、邦訳、『キッシンジャー回想録・中国（上・下）』岩波書店、二〇一二年、拙著『迫りくる米中衝突の真実』、前掲書、二四―四八頁、拙稿「「ニクソン」「カーター」で異なった米中ソ「三角関係」の力学」『フォーサイト』前傾論文）。

6　米中「百年マラソン」の誤解

カーター政権時代に中国への軍事的支援を主張したM・ピルズベリーが「対ソ」中国カードを意図していたことは間違いない。旧ソ連と比べれば、当時の中国の軍事力はまだ大きなものではなかったからだ。

だが、最近その著『China2049』（百年マラソン）を著したピルズベリーは、それまでのアメリカ人の対中認識が「大いなる過ち」を犯していた事を認めている。

さらに重要なことは、その著の副題にあるように、「秘密裏に遂行される世界覇権一〇〇年戦略」で、彼が再び対中認識で、「大いなる過ち」に気づいていないことだ。「一九四九年の革命中国の成立後、一〇〇年間のマラソンを経て、アメリカが中国に追い越される」という彼の問題設定と結論自身が「過ち」なのだ。

「わたしたちアメリカ人は、中国がアメリカを見るようには彼の国をみていない。それが、数十年間続いてきた状態だ。……中国の専門家を自任するわたしたちのなかで、広く理解されているのは、自分たちの仕事は、米中間の誤解を減らすことに尽きる、ということだ」とピルズベリーは言う。

一九六七年にピルズベリーがコロンビア大学の博士課程に在籍していた頃、政治学の指導教官らは、「君たちの世代は（中国に対して）何らかの贖罪をすべきだ」と示唆したという。

「このような中国を助けたいという願望と善意に満ちた犠牲者という中国の自己イメージを盲信する傾向が、アメリカの対中政策の軸となり、中国分析の専門家による大統領などへの提言にも影響与えた」とピルズベリーは吐露する。

一九七一年にニクソン大統領が訪中し、中国との国交問題が動き出した頃、アメリカの対中政策を決めるのは主に、中国と「建設的な関係」を築き、その発展を助けようとする人達だった。この政策は、八人の大統領の政権にまたがる数十年間を通して、ほとんど変わらず維持されてきた。

民主党と共和党の大統領は、理想とする外交政策は違ったが、どちらも「中国と連携して、その発展を助けることが大切だと考えていた」。ピルズベリーも一九六九年に中国との連携を後押しするグループの一員だったことを認めている。

「中国は、わたしたちと同じような考え方の指導者が導いている。脆弱な中国を助けてやれば、中国はやがて民主的で平和的な大国となる。しかし中国は大国となっても、地域支配、ましてや世界支配を目論んだりはしないというもので、私たちは中国のタカ派の影響力を過小評価していたのだ」（ピルズベリー）。

「この三〇年で中国は確かに変化したが、その政治システムは、私を含め、中国への積極的関与をアメリカ政府に提言してきた人々が望み、予測した方向へは進まなかった」。

最近は、中国の専門家も、それを認めつつある。

「二〇〜三〇年後、中国はいまよりはるかに経済力のある強大な国になるだろうが、なおも『反政府活動家や対抗する政治勢力に敵意を持ち続ける』共産党に支配され、世界の抑圧的な政権を支持し、アメリカと激しく対立するだろう」と作家のJ・マンは指摘する。コロンビア大学のA・ネイサンは、この変化を「独裁政治の復活」と呼んでいる。

「アメリカ人は傲慢にも、すべての国はアメリカのようになりたがっている、と考えがちだ。この見方は、近年では、イラクとアフガニスタンに対するアメリカの態度を支配していた。わたしたちは中国に対しても、その見方を捨てようとしない」（ピルズベリー）。

「そうするうちに、自分が信じていた物語とは矛盾する事実が続々と出てきた。やがて見えてきたのは、（中国の）タカ派が、北京の指導者を通じてアメリカの政策決定を操作し、情報や軍事的、技術的、経済的支援を得てきたというシナリオだった」とピルズベリーは告白する。

これらのタカ派は、毛沢東以降の指導者の耳に、ある計画を吹き込んだ。それは「過去一〇〇年に及ぶ屈辱に復讐すべく、中国共産党一〇〇周年にあたる二〇四九年までに、世界の経済・軍事・政治のリーダーの地位をアメリカから奪取する」というものだ。

この計画は「一〇〇年マラソン」と呼ばれるようになった。共産党の指導者は、アメリカとの関係が始まったときから、この計画を進めてきたという。

「我々は現代の中国共産党政権が三〇〇〇年もの歴史を持つ中国の歴代王朝と何らかの政治的継続性や一貫性もないと考えてきた。……しかし、中国の国家戦略は中国人の歴史的知恵の産物であり」、ピルズベリーは現代中国の国家戦略は、孫子の兵法や戦国策から導かれる「勢」という思想に基づくと指摘する。

「勢」とは「敵が従わずにいられないような状況を形成して敵を動かし、これに打ち勝つための神秘的な力」であり、「他国と連合して敵を包囲すると同時に、敵の連合を弱めて包囲されないようにすることが含まれる」という。

「中国共産党や人民解放軍のタカ派はこの論理を活用して、米国を操作し、共産党（政権成立）一〇〇周年にあたる二〇四九年までに世界の経済・軍事・政治のリーダーの地位を米国から奪取することを狙っている」という。これが前述の「一〇〇年マラソン」という中国の覇権国家戦略なのだ。

アメリカの中国専門家は「趙紫陽や胡耀邦が真の改革者であることを知らずに、鄧小平や江沢民が真の改革者だと思っていた。アメリカにとって取り返しのつかない過ちだった」とピルズベリーは自省している。

他方、我々が留意しなければならないことは、中国がサイバー攻撃・電子戦を駆使して、日・米のハイテクシステムを混乱させることだ。ピルズベリーはこの方法を、中国人が古代から得意とする棍棒に例える。

現代戦では、レーザー兵器、電子兵器を使ってサイバー・宇宙システムを活用し、非対称能力を向上させることで、優位を確保しようとするものだと説明している。

最近の中国は、こうした国家戦略と野心を裏に隠さなくなっている。習近平は、「強中国夢」（強い中国になるという夢）を語り、「中華民族の偉大なる復興」を国家目標として掲げている。中国が歴史的に最大版図を広げた明の時代の過去の栄光を取り戻そうとしているのだ（以上の引用については、マイケル・ピルズベリー『China 2049――秘密裏に遂行される「世界覇権100年戦略」』（日経BP社、二〇一五年、参照）。

7　政策と心情レベルの区別が必要

ピルズベリーの誤謬を指摘するのは容易い。アメリカ人の中国観の政策レベル、つまり「孤立主義（米国第一主義）」と「道義道徳的対外介入主義」との振幅と中国に対する「心情的な想い入れ」とを区別すれば良いのだ。中国が今より一層大国化すると仮定しても、アメリカはじめその他の大国も発展し続けることは間違いない。それは予測できる現実として、厳然と存在する。

確かに、米国が一％台前半の経済成長率を維持し、中国が五、六％の成長率を維持すれば、二〇三〇年頃までには、中国が名目ＧＤＰ（総工業生産高）で米国を追い越す可能性がある。しかし大型国有企業の改革がいっこうに進まないなかでの中国の製造業は、過剰生産の調整に追われ、米国が中国を「再逆転」することも考えられる。

つまり、「一〇〇年マラソン」で中国がアメリカに必ず勝つとは、現時点では誰も言えないし、その逆も当然ありうる。また、「中国のタカ派」が中国指導グループの「主流」をなしているという根拠もない。「想い込み」や「想い入れ」が強すぎるのだ。

同時にピルズベリーは中国の「対米世界覇権」を言いつつ、「中華民族の復興」という中国のアジアでの「地域覇権」とを混同しているのではないか。ピルズベリー自身、「今では、共産党は中国の『ふさわしい』世界的地位を『取り戻す』という長期的な目標を言うようになった」と認めている。そのことと、「アメリカはこのマラソンの敗者になろうとしている」というピルズベリーの結論は次元の違う問題なのだ。

中国は地政学的にはあくまで「大陸国家」（ハートランド）であり、アメリカは「大陸国家」と「海洋国家」の二つの顔を持つ。「大陸国家」でしかない中国は、「中華民族復興」と社会主義国家の延命を国是とする。また「海洋国家」として「リムランド化」しない限り、「世界覇権」を追求することはできないのだ。

かつての明朝の時代に鄭和の凱旋がアフリカまで行われた。現代ではロシアが弱体化したため、中国が「リムランド化」し、海洋に出ている。ただし、それには一定の限度がある。

むしろ厄介なのは、アメリカ人の中国観のなかに潜在する「中国に対する心情的な想い入れ」の方だ。これはなかなか変化しにくいからだ。また、キッシンジャーのように中国とのビジネスで結ばれていると、どうしても対中認識が甘くなる。

例えばトランプ大統領は二〇一七年一二月一日、台湾の蔡英文総統との一二分間の電話会談に応じた。しかも米台双方は、そのことを電撃的に公表してしまった。さらにトランプ側は、「台湾と米国の間の経済、政治、安全保障の緊密な結びつきを確信した」ことを公にした。

中国の反応は従来と比べると弱々しいものだった。中国はトランプ批判すら行わなかった。何故か。すでにキッシンジャーが習主席と会っていたこと考えれば謎が解けてくる。九八歳の老戦略家のキッシンジャーは、二〇一六年一一月一七日、ニューヨークのトランプタワーでトランプと会談した。大統領選挙で勝利したトランプはまだ、勝利の高揚感が冷めやらぬなかでキッシンジャーの助言に耳を傾けた（『日本経済新聞・電子版』、二〇一六年一二月七日）。

そのキッシンジャーが、中国人民学会の招待で北京に飛び、一二月二日に習主席と会談した。驚くべきことに、彼はその前日、王岐山・規律検査委員会書記（汚職取締の責任者）とも会っていた。

キッシンジャーの習主席へのトランプに関する助言は「最初は協力的に対処すべきだ」

ということだった。「北京日報」傘下のインターネット記事はキッシンジャー訪中を「特殊な使命を帯びていた」と紹介した。

一二月三日の『人民日報』は、習主席がトランプに対して「長期的かつ健全で安定した中米関係は両国民の根本的な利益に合致し、アジア太平洋地域や世界の平和、安定、繁栄にもつながる。……我々は米国と共に努力し、中米関係を新たな出発点から安定した発展を継続させ、あらたな段階へと押し上げることを願っている」と報じた（拙稿「党大会で『一強体制』固める習近平の『思想』と『対日観』『フォーサイト』二〇一七年九月五日）。

要するに中国は「古い友人」キッシンジャーを通して「新しい友人」トランプをビジネス絡みで作り上げたのだ。私の見方では、中国の対米工作の手法とアメリカ人の「中国への想い入れ」は変わっていない。

第二章　日本知識人の日中文明論――対中認識で迷う日本人

1　対米開戦の発端になった「対支二十一ヶ条要求」――日本知識人による批判

近代「最後の帝国主義国家」となった日本にとって、日米戦争の契機となるのは、中国大陸での権益問題で、二次大戦中の「対支二十一ヶ条要求」を突きつけたことに端を発していた。「大東亜戦争」という日米戦争には、その根底に中国問題が潜んでいたのだ。

山形出身の思想家・大川周明は一九一五年の『亜細亜・欧羅巴・日本』（一九二五年刊行）において、日米は東西文明対抗の宿命を担って戦わなければならない運命にあると予言し、対米戦争のイデオローグとなった。

だが、そこには大きな過ちがあった。西洋文明を学んで帝国主義化した日本が、たとえアメリカ帝国主義に勝ったとしても、「東洋文明が西洋文明に勝った」とは言えないからだ。もう一つの間違いは、対米戦争を引き起こせば、それは自ずと第二次世界大戦にならざるを得なくなるという戦略的思考を欠いていたことだ。

これに対して北一輝は一九三二年四月、『対外国策に関する建白書』（北一輝『日本改造法案大綱』、中公文庫、二〇一四年、所収）を発表し、この時期に日米戦争を主張することは、必然的に「第二次世界大戦」を引き起こすという危険性を批判した。

北一輝によると、イギリスは米国につき、ソ連もアメリカ側につく。同時に日本は、第二次世界大戦を引き起こして、「アジア」に共産主義の「世界革命」を勃興させようとする中国との戦争状態を継続する。北は、日本が「英米ロ中」を敵とするような戦争は避けるべきだと論じた（北一輝「対外国策に関する建白書」『日本改造法案大綱』、前掲書、一四五頁）。

北一輝はナショナリストであり、中国の抗日運動についてもナショナリズム運動としてまともに向き合わざるを得なかった。特に上海で「五四運動」を体験した北一輝は、自己のそれまでの運動に愕然とし、日本に外交革命が必要だと考え始める。それがのちの『日本改造法案大綱』に結実していく（北一輝『日本改造法案大綱』、前掲書）。

他方、大正デモクラシー期に民本主義を唱えた吉野作造も、その国際ルールの立場から、日本の対中侵略と「対支二十一カ条要求」への反対を唱えた。テリトリー・ゲームより、ウェルス・ゲームを重視する石橋湛山にとっても、日本の対中侵略は「経済的に引き合わない」愚策だった（松本健一『日本の失敗』、岩波現代文庫、二〇〇六年、三九―四九頁）。石橋湛山は、青島の領有は政治経済的に「危険」で、「青島を領有しないほうが良い」と述べていた。日本帝国主義の拡張政策を批判する意識的動きは、北一輝、石橋湛山、中野正剛らによってなされていた。

同時に戦後日本の経済発展を促す契機は、すでに石橋湛山らによって指摘されていたのだ。

2　孫文の「大アジア主義」講演と勝海舟の中国認識の卓見

一方、「対支二十一ヶ条要求」に代表される日本の帝国主義政策に対して、中国のナショナリズムが「反帝国主義・抗日運動」を初めて体現したのが「五四運動」（一九一九年）だった。

そしてこの運動を思想的に代弁したのが「孫文の大アジア主義」（一九二四年神戸での講演）だった。同時にこの講演のなかには、日露戦争で日本が勝った後の孫文の東洋人としての感情がほとばしっている。

「今私が大アジア主義を講演するに当たって述べたことは、これは簡単にいえば文化の問題である。東洋文化と西洋文化との比較と衝突の問題である。東方の文化は王道であり、西方の文化は覇道である。王道は仁義道徳を主張し、覇道は功利強権を主張する」。「アジアの国家で欧州の武力文化を学んで完全にこれをこなしているのは日本のみである」。「日本民族は既に一面、欧米の文化の覇道を取り入れていると同時に、アジアの王道文化の本質を有している。今後日本が世界の文化に対して、西洋覇道の犬となるのか、或いは東洋王道の干城（要塞）となるかは、日本国民の慎重に考慮すべきことである」（外務省調査部編訳『孫文選集』、一九六六年）。

この講演の主旨は「ヨーロッパ帝国主義」を「物質優先の功利強権文化」とし、武力で人を感化する。これに対し、「アジアの仁義道徳」は「正義公道」によって人を感化するという「東西文化の特質と違い」を意味した。

孫文は、西洋近代を最もよく学んだ日本がその後、「西欧帝国主義」の側に立つのか、それとも「アジア」の側に立つのか、と問いかけたのだ。

孫文のこの講演が持った意味を歴史的に問題にした論客は多い。だが、日本のアジア主義は、日本を盟主として白人の帝国主義に対抗せんとする「別個の帝国主義」の傾向をもつことをジャーナリスト・中野正剛は指摘した。

中野は、孫文の「大アジア主義」を評価する一方で、帝国主義政策そのものといえる「対支二十一ヶ条要求」を容認した犬養毅らの日本の「大アジア主義者たち」を論難した。

その中野と『支那革命外史』を書いて大隈内閣を批判した北一輝が、その後の昭和維新の担い手になるところに現代日本史の皮肉な結末を見る。

中野正剛がのちに大東亜戦争を語るとき、米英帝国主義と日本帝国主義との国際的な覇権戦争を意識することになったのも、もう一つの皮肉に他ならなかった。

中野正剛は「民族の抵抗」を第一に考えるナショナリストだった。そのため彼は、「滅亡のアジア」を救うべきナショナリトになったのだ。ここには、ヨーロッパの力に対して、アジアは自らの帝国主義の国造りで「対抗」するしかないとの論理が内包されていた。

ここで重要なのは、明治維新から大東亜戦争に至る過程での日本の帝国主義化は間違った選択だったが、維新後の日本の西洋近代化は、間違いではなく歴史の必要な選択だったという点だ。

前記の丸山真男も日本の西洋近代化が帝国主義を伴ったことを歴史認識として共有していた。ただ、近代化の程度が未成熟で「無責任体系」だったから、大東亜戦争の過ちを引き起こしたというのは、議論の余地がある。

西洋帝国主義に遅れて参入した日米両国にとって、中国は「弱きアジア」の象徴と見られた。その日米両国が中国での権益を巡って覇権競争を展開することになった。ただ、そこには近代日本では見失われていた歴史観があった。

勝海舟の中国認識だ。当時の対中認識としては圧巻なので、文体が古くなるが、以下に紹介しておこう。

「近頃日本が支那との戦争に勝ったなどとて、天狗になりたがるが、本当に勝ったのかい。そんな上面に皮丈けはぎ得たとて、自惚れを言うものではないよ。あの訳の分からぬ馬鹿風なのが、支那人の特色の存する所だ。我の最も恐るべき所だ。支那は一省や二省外国がきて取った所が、個人たる支那人には、少しも障りはない。否彼は反って、善い留守番でも雇った気になって居るだろうよ」。

勝は別のところで、「みてごらん、イギリスだっていずれ香港を返すよ」と言い当てていた。

他方、石橋湛山は前記のように、中国をめぐる覇権争いが「日米衝突の危険」であることを見事に言い当てていた（『東洋経済新報』社説、一九二〇年一月二四日号）。文明国としては新興であり、帝国主義的に発展する日米両国が「衝突する原因としての中国」。湛山の日米衝突論は、「東西文明対抗史観」に基づく大川周明の日米戦争論やアジア主義的な中野正剛の大東亜戦争論とも違った構図を有していた。経済を主体として考えた史観だった。そしてあくまでも対象の核心は中国だった。

3　満州事変から太平洋戦争へ――青年将校の心を揺さぶったもの

一方、満州事変がその世界観的純潔さで心を揺さぶった対象は、二・二六事件や五・

一五事件を敢行した青年将校たちの一部だった。

「王道楽土」と「民族協和」が謳われたとき、日本人はそこに「新しい世界観」を見出した。日本民族の共同的な感情は、米英の帝国主義列強から牽制され、他方でソ連と中国の共産主義化によって挟み撃ちになっていた。それが、追い詰められているという一種の民族的な強迫観念を生み出した。

特に中ソの共産主義化は、日本が中国に深入りしながら、アメリカとの衝突も辞さないという「言い知れぬ感情」を強めたのではなかったか。

関東軍の参謀・石原莞爾の満蒙占領論は、①経済進出に限定、②中国内戦には「不干渉」という幣原喜重郎の対中政策と真っ向からぶつかりあった。幣原外交は、「原則としては」正しくても、日本の国民感情を捉えていなかったと、後に首相になった吉田茂が回想する。

ましてや、青年将校たちは国を憂うる「熱情」ゆえに、滅亡せんとする国家社会を救うべく「国家改造」を唱える北一輝らの思想家に過敏に反応した。軍部独裁と「統帥権侵犯」の魔法を操る政治家の前では、「国体イデオロギー」の世界的展開の問題を慎重に議論すべきだったと考えるのは私だけではないだろう。

一九三八年に京都学派の重鎮・西田幾多郎は、京大の「月曜講義」の中で、次のように語っていた。現代文で記す。

「東洋の一孤島に位置し、何千年来、ほとんど閉じられた社会として、独自の発展を成してきた日本民族には、日本というものが即世界であった。日本は縦に世界であった。……しかし今日の日本はもはや東洋の一孤島の日本ではない。……世界の日本である」(西田幾多郎『日本文化の問題』、岩波新書、一九四〇年、八一―八二頁)。

西田は、世界という「全体」と日本という「部分」を明快に区別・想定し、日本とは何か、その世界史的意味合いとは何かについて示して見せた。

「万世一系」の皇室の下に自己完結的に「縦の世界」を形成してきた日本は、それを帝国主義的にではなく、「横の世界」へと拡大する必要があると、西田は述べた(西田、同右、九二頁、松本健一『日本の失敗』、前掲書、二五五頁)。

「私は日本には日本人自身に固有な物の見方考え方があり、支那(中国)印度(インド)の文化を取り入れながらも、日本人自身のものを創造してきたと思う」。「国家は家族の延長」ではなく、「皇室は超越的」でなければならず、「天皇は歴史的世界の客観的表現」として、「名分国家としての法」が含まれなければならない（西田、同右、九五頁）。

西田によると、「西洋文化」がもともと「環境的」で「知性的」であったのに対し、「支那文化」は「主体的」ではあったが、その特色は「政治的・道徳的」で、「永遠な人間性」を求めたため、そこには「自己否定」が起こらない。また、「印度文化」は「人間主体を否定」する宗教的「無の文化」であった（西田、同右、九三頁）。

「日本精神というものを神秘的とか、非論理的なもののように考えるが、私はこれに反対するものである。最も根本的意義において、論理ということは、元来与えられたすべてのものの要求を総合統一して、一つの世界としてそれ自身において充足的な客観的表現を与えること、いや見出すことでなければならない。……それが真の知性と言うものである」（西田、同右、九三頁）。この表現は、西田の「純粋経験」に基づく東西文明の融合論を示している。

日本政治思想家・松本健一は、この西田哲学の論理が、近代世界においては「帝国主義的なものとみなされざるをえない」と批判する。

西田はまた、国策研究会での講演を文章化した「世界新秩序の原理」という論文のなかで、一九世紀は「国家的自覚」つまり「帝国主義」の時代だったが、二〇世紀は「世界的自覚」の時代として始まったという。

「今日の世界は、私は世界的自覚の時代と考える。各国家は各自世界的使命を自覚することによって一つの世界史的世界すなわち世界的世界を構成せねばならない。……各国家民族が自己に即しながら自己を越えて一つの世界的世界を構成するということは、各自己を越えて、それぞれの地域伝統に従って、まず一つの特殊的世界を構成することでなければならない」。

前記の松本健一は、西田のこの指摘を、ヨーロッパには「特殊的世界」としての英米ブロック、アジアには日本を中心とする「大東亜共栄圏」の形成に資するものと見る。また、日本の理念する「一つの世界的世界」が「八紘一宇」であり、日本の「国体」の原理そのものだと批判する（松本、前掲書、二四七頁）。

西田哲学はある意味で、大東亜戦争、「大東亜共栄圏」の最も高度な「国体イデオロギー」であったと松本はいう。このことは、日本で西田哲学だけが「世界史の哲学」を構築しようと考えていたことを意味する。

そうした傾向は当時の西田個人とは別の形で、その弟子達が構成した京都学派全体の学風だったのだろう。

また西田は「自己が一旦極度の不幸にでも陥った場合、自己の心の奥底から、いわゆる宗教心なるもの湧き上がるのを感じないものはない。……宗教は心霊上の事実である」。「神なくして、宗教というものはない。……しかし色が色として眼に現れるように、音が音として耳に現れるように、神は心霊上の事実として現れるのである」（西田幾多郎「場所的論理と宗教的世界観」『西田幾多郎哲学論集Ⅲ』、岩波文庫、一九八九年、三〇〇頁）。

人間の五感とも絡む「宗教心」や「死生観」については、台湾の李登輝元総統と長時間におよぶ対話を行い、『李登輝の実践哲学』のタイトルで上梓しているので、ここでは多くは語らない。ただ、ＡＩ（人工知能）やＩＴ（モノとモノのインターネット）の技術が高度に発達した現代であるからこそ、そういう「宗教心」や「死生観」の重要性が増大しているのではないか。

幕末の佐久間象山は、「科学と日本精神」の結び好きを「東洋道徳、西洋芸術」という造語で、当時の雰囲気を反映していた。これを戦時中に当てはめると、日本精神は「ゼロ戦のパイロット」、科学は「日本のテクノロジーの実態」になる。

天皇制と精神的鎖国としての「国体イデオロギー」はこうして合体した。戦前・戦中の日本のファシズムは、前記のように中国問題に端を発し、満州国の建国、中国大陸への深入りを強めた。

そうしたなかで、中国文学者の竹内好は、大東亜戦争を肯定することで、日本帝国主義の支那事変を「叩いてみせた」。だが、その「賭け」は失敗した。

西田幾多郎は「日本文化の問題」で、「主体としての他の主体に対し、他の主体を否定して他に自己をなさんとする如きは、帝国主義に他ならない」と述べていた。西田の「無の論理」、近代ルネサンスが「死と復活」を媒介項にしていたように、消極的には、「死の哲学」を容認していた。

当時の日本人の思考は、「総力戦の哲学」でパール・ハーバー奇襲による太平洋戦争に突入し、破滅の道を辿りながら、「死の哲学」たる「永遠の〇《ゼロ》」へと帰結していった。

だが、「死」を見つめることは「生きること」につながるはずで、「死」を必然とする時代背景にあればこそ、その「死」をかいくぐった「生」、なんとか「生きながらえること」が最も重要だったのだ。

西田によれば、「伝統の継承とは、死せる過去の文化を引き継ぐことではなく、現在において新たに創造を加えた生きた過去の文化を未来に伝えること」が重要で、「絶えず創造行為が加えられる生気ある文化」が継承されるべきだという。

西田は「生命の現象」を主体と環境との関係のなかで、次のように捉える。「歴史的現実の世界とは、全体的一と個別的多との矛盾的自己同一として、主体が環境を環境が主体を形成し、作られたものから作るものへと、どこまでも自己矛盾的に動き行く世界、すなわち自己自身を形成していく世界である」。（以上の記述については、西田『日本文化の問題』、前掲書、一三二頁、『西田幾多郎哲学論集Ⅱ』、岩波文庫、一九八八年、『西田幾多郎哲学論集Ⅲ』、前掲書などを参照）。

4　竹内好のアジア認識と日中比較文化論の誤謬

ところで、戦後日本人の中国認識を規定する衝撃的な発言を行い続けたのは、進歩的知識人の代表格でもあった竹内好だった。進歩的知識人は、中国にたいする侵略戦争への贖罪観を共有しており、中国・アジア問題は、多くの人の心に重くのしかかっていた。

ただ、竹内の発言には他の追随を許さないものがあった。戦後の竹内が論壇で注目される契機となった論説が、一九四八年一一月に発表された「中国の近代と日本の近代――魯迅を手がかりとして」であった。そこには二つの中心的な論点があった。

一つは、近代化という普遍主義の概念を先進・後進という物差しを当てはめるのではなく、西洋の拡張と東洋の抵抗という対抗関係として示したことだ。「ヨーロッパと東洋は対立概念である」と竹内はいう。

抵抗の度合いを日中比較近代化論に当てはめると、二つ目の問題が浮き彫りになる。「日本はヨーロッパに対してほとんど抵抗を示さず、近代化の道を突き進んだ。だが、中国は違う。抵抗のあり方が日本と中国では違っていて、中国の抵抗は底が深く、抵抗の度合いが徹底的であるため、『革命』にこだわり続けたのだ」と竹内は喝破した。

竹内はまた、「明治維新は革命であると同時に反革命でもあった。日本の進歩主義は、完全に反動の根を絶った。しかし、それといっしょに革命そのものの根も絶った」とも述懐していた。竹内のもう一つの論文「近代とは何か」でも、同様の内容が主張されている（竹内好『近代の超克』、筑摩叢書、一九八三年）。

「東洋における抵抗で、東洋は抵抗を持続することによって、ヨオロッパ的なものに媒介されながら、それを越えた非ヨオロッパ的なものを生み出しつつあるように見える」と竹内は述べていた。私が今日考えている内容とは異なるが、戦後すぐの日本の進歩的知識人には衝撃を与えた。

竹内はまた次のように力説した。「魯迅のような人間がうまれてくるのは、激しい抵抗を条件にしなければ考えられない。ヨオロッパの歴史家がアジア的停滞とよび、日本の進歩的な歴史家がアジア的停滞（！）とよんだような、おくれた社会のなかからでなければ出てこない型である。ちょうど、ドストエフスキーがロシア的なおくれを条件にしているように。あらゆる進歩への道が閉ざされ、新しくなる希望がくだかれたときに、あのような人格がかたまるのだろう。ふるいものが新しくなるのでなく、古いものが古いままで新しい、というぎりぎりの存在条件をそなえた人間が可能になるのだろう」（竹内『近代の超克』、前掲書、三四頁）。

「明治維新は、たしかに革命であった。しかし同時に反革命でもあった。明治十年の革命の決定的な勝利は、反革命の方向での勝利であった。その勝利を内部から否定してゆく革命の力は、日本では非常に弱かった。弱かったのは、力の絶対量において弱かったよりも、革命勢力そのものが反革命の方向に利用されていくような構造的弱さであった」（竹内、同右、三八頁）。このように述べる竹内の言説には他人の追随を許さないものがあった。

「辛亥革命も、革命＝反革命という革命の性質はおなじだ。しかしこれは革命の方向に発展する革命である。内部から否定する力がたえず湧き出る革命である。……つまり生産的な革命であり、したがって真の革命である」。「東洋諸国のなかで、日本ほど容易に革命が成功した国はない。日本はヨオロッパにたいして、ほとんど抵抗を示さなかった」という。

「たしかにナショナリズムには、革命に結びついたそれと、反革命に結びついたそれとの二種類があり、前者のみが正しいナショナリズムである、ということは承認しなければならないだろう」（竹内、同右、四七頁）。

「もしどうあってもナショナリズムを欲するとすれば、どうしたらいいか。ウルトラ・

ナショナリズムに陥る危険を避けてナショナリズムだけを手に入れることができないとすれば、唯一の道は、逆にウルトラ・ナショナリズムの中から真実のナショナリズムを引き出してくることだ。反革命の中から革命を引き出してくることだ」（竹内、同右、五一頁）。

竹内はまた、戦時中の「近代の超克」座談会について、次のように述べていた。「太平洋戦争下に行われた『近代の超克』論議は、軍国主義体制の『総力戦』の有機的な一部分たる『思想戦』の一翼をなしつつ、近代的、民主主義的な思想体系や生活的諸要求やの絶滅のために行われた思想的カンパニアであった」（竹内、同右、五九頁）。

「『近代の超克』の最大の遺産は、私の見るところでは、それが戦争とファシズムのイデオロギイにすら成りえなかったこと、思想形成を志して、思想喪失を結果したことにある」（竹内、同右、六六頁）。

「歴史主義の克服、あるいは発展段階の克服という含意のほかに、『近代の超克』にはもう一つの含意があった。それは文明開化の否定である」（竹内、同右、七〇頁）。

「現在我々の戦いつつある戦争は、対外的には英米勢力の覆滅であるが、内的にいえば、近代文明のもたらしたかかる精神の疾病の根本治療だと考える場所へもどったのである（竹内、同右　七一頁）。

このころ雑誌『文芸』の編集者の高杉一郎は、当時のことを次のように回想している。「やがて戦争がヨーロッパに飛び火し、それがふたたびアジアにかえって、日本が昭和十六年の暮についにあの絶望的な太平洋戦争のなかにとびこんでいくと、私たちは一夜のうちに自己麻痺にでもかかったように、抵抗意識をすてて、一種の聖戦意識にしがみついていった」（竹内、同右、七六頁）。

「しかしいまかえりみて、そこに重大な空白があったことを思い出す。満州事変以来すでに数年たっているにも拘らず、『中国』に対しては殆ど無知無関心ですごしてきたことである。『中国』だけではない。たとえばアジア全体に対する連帯感情といったものは私にはまるでなかった。日清日露戦争から大正の第一次大戦を通じて養われてきた日本民族の『優越感』は、私の内部にも深く根をおろしていたらしい」と竹内は吐露する。

「『近代の超克』はいわば日本近代史のアポリア（難関）の凝縮であった。……総力戦の段階で、永久戦争の理念の解釈をせまられる思想的課題を前にして、一挙に問題として爆発したのが『近代の超克』論議であった」（竹内、同右　一一一頁）。

「(だがそれは) 強い思想主体を生み出せなかった。したがって、せっかくのアポリアは霧散霧消して、『近代の超克』は公の解説板たるに止まってしまった。そしてアポリアの解消が、戦後の虚脱と、日本の植民地化への思想的地盤を準備したのである」。こうした竹内の言説には「中国問題」が彼の喉元に突き刺さっていたかに見える。

福澤は「脱亜論」で「我は心に於て亜細亜東方の悪友を謝絶するものなり」と書いたが、竹内はそれを強く攻撃する。

「福澤は事実認識を誤ったのであって、日本はそもそもアジアではなかったのだ、というのがこの派の新文明開化論者の主張である、したがって当然、福澤の心肝を砕いた『国の独立』も無意味になるわけであり、ひいては明治維新以後の歴史はなかったことになる」(竹内、同右、一一三頁)。

竹内好の言説の矛盾を突くことは容易いが、彼の論説が敗戦で意気消沈した日本人に衝撃を与えたのは確かだろう。日中比較近代化論によって、中国の優位性を示し、たとえ間違っていても、戦後日本の進歩的知識人に新たな視点を与えたからだ。

竹内は同様の議論をその後も語り続けた。「方法としてのアジア」と題する講演で、「西欧的な優れた文化価値を、より大規模に実現するために、西洋をもう一度東洋によって包み直す。逆に西洋自身をこちらから変革する。東洋の力が西洋の生み出した普遍的な価値をより高めるために西洋を変革する」。

「これが、東対西の今の問題になっている。これは政治上の問題であると同時に文化的問題である。日本人もそういう構想を持たなければならない」（竹内）。

竹内はさらに、日本の戦後民主主義が破綻しているのは、アメリカからの移入に問題があったのではないかと語っている。

「西欧的なものの跡を追わないで、アジア的な原理を基礎におくべきではなかったか」という。では、「アジア的な原理とは何か」。竹内は「明確に規定することは私にもできないのです」というだけで、その内実を何も語ってはいない（以上の記述については、竹内好『近代の超克』筑摩書房、一九八三年、小林弘二『戦後日本の知識人は時代にどう向き合ったのか』教育評論社、二〇一五年、参照）。

ここで私なりの反論を述べておくと、日中比較近代化論はアメリカでもハーバード大学の重鎮・ジョン・K・ファアバンク、アルバート・クレイグ、エドウィン・ライシャワーらによって十分な分析がなされていて、彼らはすべて日本近代化の優位性を結論付けている。

また、西欧列強が進出の主たる対象にしたのは日本ではなく、中国だったのであり、だからこそ中国は近代化に挫折したという議論も、ネオ・マルキストの立場から提起されており、それはあくまでもアメリカでは少数意見に過ぎない。

竹内の言う「中国の伝統を根絶したのが中国革命だったのだ」という議論は的外れであるばかりでなく、今日の中国が、「如何に伝統を巧みに使って内外政策を展開しているか」を考えれば、議論の誤謬は一目瞭然だ。ところが日本では、竹内のような言説が進歩的知識人に大きな影響を与える時代が存在した。

評論家・加藤周一は、「中国問題は冷戦史観では理解できない」といいつつ、「社会主義者が指導したから中国が四九年の革命を成し遂げたのではなくて、社会主義者が、もともとあった独自の要求。植民地主義者の追放に奉仕したから成功したのです」、「社会主義に還元するのではなくて、要するに民族主義の観点から中国のイメージを作る必要がある」と語ったことがある。

こうした議論が説得力をもつとは到底思えない。その理由として、彼らは現代中国の内情を本格的に分析していなかったからではないか。

5　戦後中国像の変革——中嶋嶺雄の現代中国論

私は、その処女作『現代中国論』で颯爽と論壇にデビューした中嶋嶺雄の不肖の弟子でありながら、比較的近いところで彼に接してきたものとして、幾つかの側面に分けた中嶋像を有している。それは、「研究者」「教育者」「論壇での知識人」「大学改革の実現者」の四つに分かれる。

今日の若い学生やビジネスマンにとって中嶋は、秋田県の国際教養大学の初代学長で、就職率一〇〇%の大学を創立した人物とのイメージしかもたない人たちが多いかもしれない。

となると、以上の四点の中で、そうした若い人達の中では、「研究者」や「論壇での知識人」としての中嶋像が風化していっているような気がする。

例えば最近の若者は、中嶋が、『現代中国論——イデオロギーと政治の内的考察』（初版本、青木書店、一九六四年）を東大の修士課程在学中に書き、「毛沢東思想の絶対化」を考察して、二八歳にして論壇に打って出た知識人としては知らないかもしれない。

さらに、『現代中国論』が刊行された当時、中国による中国像、ソ連による中国像、アメリカによる中国像はあっても、日本の中国像には迷いがあった。

この本は、そうした日本の中国像の迷い（中国への贖罪意識・中国革命への憧憬など）を払拭し、当時の日本人の中国認識を決定づけるものだったのだ。つまり、竹内好らの言説をひっくり返す論陣を張ったということだ。

「研究者」としての中嶋を語る上で、この本の内容面に少し立ち入ってみると、この初版本『現代中国論』での毛沢東思想絶対化にいたる中国政治の分析は、中国政治のイデオロギーの内的考察に「党内闘争」の視野を導入したその深い洞察が脚光を浴びた。

また、初版本『現代中国論』の主たる分析対象は、文化大革命ではなく、それに至る過程としての一九五六年から五七年段階の中国であった。毛沢東は、ソ連のスターリン批判や東欧の民主化の動きをみて、中国においても「言論の自由」を解禁する百花斉放・百家争鳴運動の推進を試みた。

だが、その運動が共産党批判に及んでくるや否や、毛沢東はその運動を「反右派闘争」に切り替え、知識人の弾圧にまわった。また、ソ連のスターリン批判は、個人崇拝への批判など、毛沢東にも当てはまる問題を含んでいた。

しかしながら毛沢東は、このスターリン批判を自己の内在的矛盾の一つとして取り上げることなく、スターリン批判を「素通り」してしまった。ここらあたりの中国の政治過程は、文化大革命への序曲となったばかりか、その後の毛沢東政治の方向性を決定づける「一大転換点」であった。

この時期を語る際の中嶋の講義は、聞き手からすると背筋が寒くなるほどの臨場感に満ち、私も、この『現代中国論』を何度も読み返した。雑誌『アジア経済』はこの本の書評を二人の評者が同時掲載したが、この本の学会、言論界での影響力は、中嶋が予想した以上のものだったのかもしれない。

6　李登輝に見る日本文化の情緒と東西文明の融合

拙著『現代アメリカ人と中国』や『アメリカ人の中国観』は、アメリカの知識人にとって中国が美しいものに見え、同情的になり、逆に日本に対して厳しく見てしまう点を検証した。

また台湾の李登輝元総統が、『「武士道」解題』や「奥の細道」で日本文化の特徴を明らかにしてきた点に興味を有するのは私だけではないだろう。

日本は精神性の高い文化、高尚な「情緒の形」を有し、日本人の生活のなかに「道」（剣道、茶道、弓道など）を取り込んでいる。李登輝によれば、日本人は口では言わないが、自然と行為の中、生活の中に「道」を取り入れているという。

茶道では、花一輪、作法、四季の折々などが入る。俳句も同様で、五・一・五の中に自然、四季、音などが入っている。『芭蕉七部集』で芭蕉は「さすらいの旅」ではなく「連句」で友達を探しに「奥の細道」をまわった。弓道では「姿」（井尻）、日本には「自然と誠」（李登輝）がある。

武士道のなかに昔からあるものは、それに外国のものが入っても、鎌倉時代以前からあった日本人の独特な文化を入念に再鋳造してきた。ここに、日本文化の形成と価値があるのだ。

李登輝はまた、エリート教育の重要性を常々唱えてきた。李登輝は、「日本がこれまで中国にたいして低姿勢でありすぎ、その思考と政策を変えるべきだ」という。民主主義になっても民衆は民衆を治められず、エリート教育が必要になる。

「イギリスのイートン・ハイスクール、アメリカのハーバード大学のように、教養を高める、深い教養を身につけ、昔の日本の旧制高校のように、国を愛する、人民を愛する、この二つの条件を身につけるべきだ」と李登輝はいう。

日本には後藤新平のような人物が必要で、新しい開拓的人間、自制能力をもつ、世界の国と秩序を視野に入れうる人材が必要だと李登輝は力説してきた。

それを実践するには、教育が重要で、「私は私でない私」(自己を一旦放棄しながら、新たな私に帰着する) 必要があると李登輝は主張する。日本の問題に目を向け、日本哲学、西田哲学を基礎にする。そこには西田幾多郎の「場所の論理」が関わり、そこから次第に世論を作り上げ、人民をひっぱる。

国際社会の中でどうするか、静かに騒がずに、順序良く、ひとつずつなすべきことを遂行し、その内容を把握しながら、国をリードしていく。

李登輝は、日本はいま、こういう段階に入ってきたという。期待すべき国としての日本、アジア全体のリーダーにならなければならない日本、これまでの問題の修正が必要となる。日本は今、もう少し沢山のエリートが集まって助け合う、エリート集団を作り上げるべきだという。

東西文明の融合に関して李登輝は、中国歴代王朝、中華民国の「法統」、皇帝型統治と領土拡張によって皇帝の個人財産を増やす「一中」の歴史を批判する。

台湾は、中華文明の「化外の地」であり、台湾が中華民国から抜け出せば、「脱古改新」（古いものから脱却して新しいものを作り出す）（李登輝）となるはずだ。

「日中関係では中国と争わねばならない。いま、中国がどういう問題にぶつかっているか、これをしっかり頭にいれておかなければならない」（李登輝）。

ドイツの思想家・ウェーバーは「カリスマの日常化が進むと官職カリスマが現れ、経済関係が変わる」と指摘した。私はこれを、中国のような家産制国家が経済改革に着手するとき「汚職が蔓延する」という意味として捉えている。

アメリカ的なプラグマティズムの選択問題も入ってくる。とくに、指導者論は要らない。指導者に必要なバックグラウンドを子供に教育すれば、機会あるとき、誰でも総理、総統になれる。

「慈悲と寛容」の指導者が必要で、『台湾の主張』など、李登輝がこれまで著してきた様々の本の止揚（アウフヘーベン）を成し遂げること、これが西田幾多郎の『善の研究』にある「純粋経験」（弁証法）の真髄だ。

では、最近の日本人の対中認識に迷いはなくなったのか。世代間の差は依然として存在する。また、世論やメディアは、中国の対日政策に翻弄されることが少なくない。

日中の文化を比較した森美樹三郎著の『名と恥の文化』は、面子を重んじる中国人、恥の文化に生きる日本人の文化的姿勢を例証した。その傾向は、今日でも継続している。

歴史の「連続と断絶」があるのだ。もしかすると、日中の現地を飛び交う若い学生やビジネスマンのほうが、過去にこだわらない冷静な目で双方の下からの交流を進めることで、より安定的な相互認識を育み、下からの平和構築を進めることができるのかもしれない。

そのほうが、日本人の心の真髄を中国の若い人達に理解してもらう契機になるように思われる。

第三章　多文明の衝突か共生か——日中文明の違い

1　ハンチントンの「文明の衝突」論

京都大学名誉教授の中西輝政がいうように、ハンチントンの独自の視点は次の文章に端的にあらわれている。

「アメリカには国内で『多文化主義』（アメリカは西欧文化の国）と考えるべきでないという主張を奨励する人もいれば、海外での西欧文化の普遍性を説く人もあり、両方を主張する人もいる。国内の多文化主義はアメリカと西欧をおびやかし、海外での普遍主義は西欧と世界をおびやかす。両者とも西欧文化の独特な特性を否定している」。

「世界的な単一文化を唱える人は、世界をアメリカのようにしたいと思い、国内の多文化主義者はアメリカを世界のようにしたいと思うのだ。（しかし）多文化的なアメリカはありえない。というのも、非西欧的なアメリカはアメリカではないからだ」。「（また）世界帝国がありえない以上、世界が多文化からなることは避けられない。アメリカと西欧（の覇権）を保持していくには、西欧のアイデンティティを一新する必要がある。世界の安全を守るには世界の多文化性を認めなくてはならない」（以上の引用については、『文明の衝突と21世紀の日本』、前掲書、一九七頁、参照）。

ハンチントンの前記の言説から読み取れる重要な指摘は次の二点だ。一点目は、アメリカを多文化社会にしてはならないということ。二点目は、アメリカと西欧は世界を多文化的な存在（つまり多くの文明から成るということ）として認め、決して単一文化（つまり西欧的文化）にしてはならないということ。

そうすれば、今後も保持していかなければならない欧米の、あるいはアメリカの世界におけるリーダーシップ（ないしは優越した地位）が、早期に覆される危険を回避することができるだろう。

最近のトランプ大統領の白人第一主義に与するような発言は、米国内の社会を揺るがしているが、前記のハンチントンの記述を見れば、その過ちは明白だ。トランプ大統領は「多文化・多文明社会」の安定的バランスの必要性を過小評価している。

ハンチントンの言説の特徴はまた、「国は次第にその利益を文明によって定義し、文明が似ているか、あるいは共通の文化のもとでは、人々は協力したり、同盟を組んだりする。だが、逆に文明を異にするグループや国家間の紛争が広範な戦争にエスカレートする恐れがあり、国際問題の重点が文明の違いに移行し、二一世紀前半は、第三次世界大戦というより、むしろ個々の民族紛争が増大する可能性が高い」と訴えた点にある。

ハンチントンは「文明の衝突」のなかで、冷戦後の世界を八つの文明に分けたが、それは、西欧文明、東方正教会文明、中華文明、日本文明、イスラム文明、ヒンズー文明、ラテンアメリカ文明、アフリカ文明を意味していた。

ところが、東アジアでは、北朝鮮の自立の思想とイデオロギーとしての「主体思想」、李朝朝鮮以来の韓国の「ミニ中華思想」と民主主義、中華思想と社会主義で東アジアを席巻しようとする中国と、それとは異なる日本人の心と文明という階層性の中の「垂直」の秩序が存在する。上から目線の中国の指導者には、対等の立場から論争すべきなのだ。

2 「粗野な覇権」と「成熟した覇権」のはざま

前記の中西輝政は、ハンチントンの文明の衝突論を説明する中で、東アジア・とくに中国と日本について、次のように述べている。

「ハンチントンは全体として中国は今後も安定して経済の急速な成長を続ける、という見方に傾いているが、私は長期的に見て中国という社会は大きな変動に直面し、『二十一世紀の超大国』の座を現実のものとする可能性はまずないであろうと考えている」。「二十一世紀に入ると時間が経つにつれて、『分裂する中国』という文明史的課題が浮上してくるはずである。しかしそれまでの間、日本と世界は『膨張思考』が強く残っている現在の中国に対処する必要、という現実的課題に直面しつづけることもたしかである」(『文明の衝突と21世紀の日本』、前掲書、二〇四頁)。

「とりわけ近年の中国が、経済の発展が減速し始める中で突出した軍事強硬路線を続けており、共産党の独裁体制が続く限り、どうしても性急なナショナリズムやアジアの覇権に手を伸ばそうとする志向はなくならないことがはっきりしてきた。日本にとっては、同じ〝覇権主義〟であっても、このように未成熟で『粗野』な『覇権』より、アメリカの成熟し経験済みの『覇権』の方が、誰が見ても相対的に好ましいはずである」（『文明の衝突と21世紀の日本』、前掲書、二〇五頁）。私も同様のことを考えている。

3　中華文明の本質とは「中国が世界の中心」ではないということ

中国政府は、大陸中国を中華文明の中核国とみなし、他のすべての中国人社会が大陸中国に歩調を合わせることを要求する。海外における中国の利益を、それぞれの地元の共産党を通じて促進することはもはや過去のものとみなし、「世界中の中国人の代表として自己を位置づける」ことを目指してきた。

中国人のアイデンティティは民族的に定義されるようになっており、中国人とは「民族と血筋と文化」が同じ人々を指すのだ（『文明の衝突』、前掲書、二五五頁）。

実際、中国における民族を考えるとき、次の三つが決定的なポイントだ。一点は、「漢民族」と呼ぶか、「中国人」と呼ぶか、いずれの呼称を用いるにせよ、古代中国の担い手になった集団は、人種的、種族的中核が希薄なままに、のちに「中原」と呼ばれる大陸中央部に集まってきた。そうした生活形態を異にする諸種族の接触が、新しい社会的文脈

（都市の発生）の中で、人為的に一つの集団と集団意識を形成したことにある。

二点目は、多方面からの極めて偶発的な接触と相互作用、その間の「内面的同化」ということに、「中華民族」形成の本質的な契機があったということだ。

つまり当初から、中華文明の脱種族的で、もっぱらその時々の辺境地域または種族を防御的に吸引する歴史的同化力に、「中華」的なものの本質の起源があったのだ。

これは、「普遍文明の帝国」としてのローマ帝国とは異なり、中国の場合は、いずれの構成要素も全く異なる新しい生活形態がそのつど生み出され、そのたびごとに根本的な文化の全面受容と同化が繰り返しなされてきた点に特徴があるのだ。

三点目は、中華文明の「都市・城郭」的性格が、「商業の場」としての本質をもち、初期・中国国家の本質が都市における商業の管理にあったことに端を発する。

この都市ネットワークの行政組織化によって政治的統一体が拡大されていくのが、国家としての中国の「成り立ち」だった。東洋史家の岡田英弘がいうように、「中国の本質は皇帝を頂点とする一大商業組織であり、その経営下の商業都市群の営業範囲が、つまるところ『中国』だった」のだ（橋本、前掲書）。

中国とは、よく誤解されているような「世界の中心の国」という意味ではない。むしろ、「外に対する中」という内面的な意味に中国の本質があり、そのことが、現代に至るまでの中国と国際社会との関わり合いを決定づけてきた。

つまり、都市の城郭の中が中国で、その空間を、その外側の「蛮、夷、戎、狄」の世界から区別することが決定的なポイントなのだ。

漢以前・以後も「漢民族」という人種はなく、それは元来文化上の観念であった。それゆえ、都市と都市との中間にあっていまだ「囲い込まれていない」地帯（農村）に住むものが、本来、漢民族（中国人たる都市民）に対する「夷狄の民」なのであった（中西輝政『帝国としての中国』新版、東洋経済新報社、二〇一三年）。

共産中国の生みの親である毛沢東は、この「都市と農村」、「中国と国際社会、その中間地帯」という考え方を彼の農村暴動革命に駆使したことが、中国革命を勝利に導いた要因だった。

4 「易姓革命」としての中国革命

また、いわゆる「封建制度」を「周」の時代にしか持ち得なかった中国では、日本の皇室や西洋の王室などとは異なり、誰しもが「権力」を握れば皇帝になることができた。

しかも、中国の皇帝には「権威と権力」とが一元的に付与されていたため、権力の絶頂期には政治社会が安定的であった。だが、ひとたび権力に揺らぎが生じると、国家の存続が危うくなるという事態が生じてきた。

中国革命が「易姓革命」と呼ばれる理由は、こうした皇帝の交代によって、「王朝の名称が変わる」意味であり、「二つの中国」(すなわち「一中一台」)の伝統もこの点に由来するのだ。

ただ、共産中国には既述の社会主義イデオロギーと中華・中国ナショナリズムを国是として国家の存続と延命を図っており、現在の習近平が毛沢東との類似性と異質性を駆使して中国共産党王朝の存続と延命のために葛藤しているのが現実なのだ。

アメリカの中国研究の重鎮・J・K・フェアバンクは「中国的世界秩序」という概念を打ち出したが、その本質的意味は、上記のような中華文明に関する理解の上で説明・解釈しないと、またぞろ誤解を生じてしまう。

ちなみに、私達は「中華思想」という表現をよく使うが、この言葉は日本語であり、中国語には存在しない。「中華思想」とは、「中華文明の核心的思考様式である儒教を基礎とする中国人一般の思考様式の総称として、日本人が使っている造語」なのだ。

前記の福澤諭吉は、「中国は『礼儀の国』ではなく、『礼儀の人が住む国』と言うべきだ」と喝破していた。福澤はまた、『学問のすすめ』の中で、次のように述べていた。

「中国人のように自国よりほかに国がないように思い、外国人をみれば『夷狄夷狄（野蛮人？）』と呼んで動物のように扱い、自分の力も客観的に把握せずに、むやみに外国人を追い払おうとして、かえってその『夷狄』に苦しめられている」（福澤諭吉『学問のすすめ』、現代語訳、ちくま新書、二〇〇九年、一五頁）。全くもって同感だ。

5　日本文明の独自性から「新たな世界文化」へ

私はこれまで、日本文明の独自性を主張してきた。だからといって、私はそれが、「独自性」だけで終わってしまうとも考えてはいない。

ここで本稿の本来の趣旨に立ち返ると、ハンチントンが何故、日本文明を、西欧でも他の文明でもなく、一つの独立した文明として扱っているかだ。

しかも彼は、日本に対して、「独立した調停者としての役割を果たせるユニークな存在」として位置づけている。ここにも日本文明や日本人の心の特殊性を見ることができるし、日本人の主体性が求められる。

在ロサンゼルスのランド・コーポレーションのフランシス・フクヤマは、冷戦後の世界について『歴史の終わり』を著したが、それは冷戦の終結とソ連邦の崩壊で、自由資本主義の勝利を宣言した楽観的な世界像だった。

それを皮肉るかのように、逆に『歴史は再び始まった』と題する著作を著したのが、『通産省と日本の奇跡』（TBSブリタニカ、一九八〇年）を世に問うたチャルマーズ・ジョンソンだった。これに対してハンチントンはより現実的な世界像を提起し、多文化・多文明社会での日本文明の特質に目を向けたのだ。

日本文明の本質は、次章以降で見るように、それと中華文明、西洋文明などとを時間的かつ空間的に比較することによって、その具体像が現れることになろう。

第四章　明治維新一五〇年での日本・中国・西欧の伝統と文明の凌ぎ合い

1　日本思想の構造的連続性

日本では、儒教、仏教、神道、あるいは江戸時代の国学などが伝統思想と呼ばれ、明治維新で怒涛のように流入したヨーロッパ思想と比較される。外来思想を受容し、それがさまざま形で私達の生活様式や意識のなかにとりこまれ、国民のなかに消しがたい刻印を押したのだ。

その著『文明論之概略』を著した福澤諭吉は、「現代の西洋文明は約千数百年の歴史、日本文明も二千五百年の歴史、人心の内部まで入って深い印象を与えた点では、古代に中国から儒教や仏教が伝わったこと以来では、最近の外国（西洋）との交流が最大のものだ」と述べていた（福澤諭吉『文明論之概略』、現代語訳、ちくま文庫、二〇一三年、一一二頁）。

また福澤は次のようにも喝破していた。「儒教と仏教は、アジアの要素をアジアに伝えたのだから、程度の差はあっても接すること自体は難しくなかった。だが、最近のもの（西洋文明）は違う。地域、文明の要素、発展の度合いなど、異質のものに出会って、急に接すると、新しく、珍しく、ほとんどが変わったもの、聞けば聞くほど怪しく思う。精神の内側の底までも転覆し回転させる大騒乱を起こすものだった」。

「私（福澤）は、この人心の騒乱が、日本国民が文明に進もうとして発憤しているのだと思う。ペリーが来たことも日本の人心に火をつけたもので、一度燃えた以上は止めることができない」（福澤、同右、一三頁）。

前記の丸山真男は、明治維新期の思想の「連続と断絶」について、次のように指摘していた。「近代日本が維新前までの思想遺産をすてて『欧化』したことが繰り返し慨嘆されるが、そういう慨嘆もまた明治以後今日までステレオタイプ化している。もし何百年の背景をもつ『伝統』思想が本当に遺産として伝統化していたならば、そのようにたわいもなく『欧化』の怒涛に呑みこまれることがどうして起こりえただろう」（丸山真男『日本の思想』、岩波新書、一九六一年、九―一〇頁)。この指摘は批判的かつ慎重に吟味する必要がある。

福澤は『学問のすすめ』の中で、次のように述懐していた。「王政復古・明治維新以来、この日本の政治スタイルは大きく改まった。国際法をもって外国に交わり、国内では人々に自由独立という方針を示した。具体的には、平民へ苗字を持つことを許し、馬に乗ることを許したようなことは、日本はじまって以来のすばらしいことだ。士農工商の位を同等にする基礎がここでできた」(福澤『学問のすすめ』、前掲書、一五頁)。

ただ、福澤も分かってはいた筈だが、問題はもっと複雑なのだ。

2　開国の意味したもの――前近代と近代の混合

「開国」という意味には、自己を国際社会に開くと同時に、国際社会にたいして自己を統一国家として示すという両面性が内包されていた。その両面の課題に直面したのがアジア『後進』地域に共通する運命であった。

そうして、「この運命に圧倒されずに、これを自主的にきりひらいたのは、一九世紀においては日本だけであった」（丸山『日本の思想』、前掲書、一〇―一一頁）。

私達は一般に、一八七〇年までに統一国家になり得た国を先進国と呼ぶが、一九四八年に明治維新を敢行して近代先進国家の仲間入りをしたのは日本が最後だった。

だが、近代国家と名のる以上、領土、国籍、対外的に国家を代表する権力の所在など、自国と他国とを区別する制度が成立し、明治においては天皇を頂点とする集権国家が急速に整備されていく必要があった。

また、それよりもっと早い速度と量とで、欧米の思想文化が開かれた門から怒涛のように流れ込んだために、国民生活の統一的秩序化と思想界での無秩序な疾風怒濤とが鮮やかなコントラストをなし、文明開化の旗印のもとに相互に奏でることになった。

ただ、重要なことは、本稿で繰り返し指摘するように、鎌倉幕府から徳川時代にかけて、天皇が「権威」、将軍が「権力」を有する「権威と権力」の分離があったということだ。

周知のように、「権威」をシンボルとして民衆は自発的に従うが、「権力」は強制的に民衆を従わせ、支配する。これは、西欧のキリスト教社会における「法王」と「君主」の関係に類似する。

またここで注意すべきは、伝統思想が維新後次第に断片的になり、さまざまの新しい思想や外来思想と断乎として対決するような原理として機能しなかったことが一点だ。

そして、個々の思想内容とその占める地位の巨大な差異にもかかわらず、思想の受容やその対決の仕方において「前近代」と「近代」とがかえって「連続する」結果が生まれたというのが二点目だ（丸山、『日本の思想』、前掲書、一一頁）。

この日本の「前近代」と「近代」の混合と連続性が結果としてもたらしたものは、何であったのか？　それは「思想として構造化されないままの伝統の連続性」（丸山）ではなかったか。つまり、伝統思想がいかに日本の近代化とともに影がうすくなったとしても、それは私達の生活感情や意識の奥底に深く潜入している。

むしろ過去は自覚的に対象化されて現在のなかに「止揚」されないからこそ、それは背後から現在のなかにすべりこむ（丸山、同右、一二頁）。明治維新期で言えば、過去の伝統の「背後からの滑り込み」に対して、文明開化との「連続と断絶」が「新たな伝統」を作り上げた。

それはそのつど日本の「本来の姿」や自己の「本分」に回帰するものとして意識され、誠心誠意行われてきた。このことは、国際的教養人・新渡戸稲造の『武士道』の「自然と誠」を想起させる。

では、日本の伝統思想と西欧思想の潜入の仕方は歴史の「連続と断絶」として、どう現れたのか。本来、同じ精神的「伝統」の両面の相克において、新たなもののすばやい獲得と、過去の背後からの潜入と累積とは、たんに外見的な「近代化や文明開化」として現れただけではない。

西欧の哲学や思想がしばしば歴史的構造性を弱体化し、あるいは思想史的前提からきりはなされた部品として多々取入れられた結果、高度に抽象的な近代化の理論が、意外に私達の古い習慣に根ざした生活感情にアピールしたりする。

西欧では強靭な伝統にたいする必死の抵抗の表現であったものが、ここではむしろ「常識」的な発想と適合する。あるいは最新の舶来品が手持ちの思想的ストックにうまく当てはまるといった事態がしばしば起こる。西洋思想の重厚さを受容した日本の「欧化」と伝統思想の残存の例は多々見られるのだ（丸山、同右、一五頁）。

私はここに、日本の伝統思想の特殊な形態を見る。私達はここで、西欧・中国・日本文明の伝統思想と新たな思想の凌ぎ合い見ることで、明治の開国時の思想受容の契機とその有りようを、日本の伝統の特殊性として理解することになる。福澤も、古来から明治維新期までの日本の政治体制と思想的変容を、『文明論之概略』の中で次のように表現していた。

「日本でも古代は『神政府』で世の中を支配し、人民の心は単一であり、最も尊い地位と最強の力は一体のものとして疑われなかった、その意味で一方向に偏るのは中国と変わりはなかった。しかし、中世武家の時代になって、ようやく社会の仕組みが破れ、最も尊いものが、最も強いものと一致しないようになった。人民も尊さと力とは別のものであることを感じ、心の中に二つのものがあって、それが連動するようになった。そうなれば、一片の道理が生じる。したがって、新政政治の考え、武力圧政の考え、道理による考え方の三つが混じってきて、この三つが同等ではないが、どれか一つが権力を独占することができない。権力が独占されなければ、そこに自ずと自由の気風が生じる」（福澤『文明論之概略』、現代語訳、ちくま文庫、二〇一三年、五二頁）。

「中国人が純然たる独裁君主を仰ぎ、最も尊い地位と最も強い地位が一致すると考えて、その信仰に『惑溺』していたのと同列で比べられない。これにより、中国人は思想に乏しく、日本人は思想に富んでいるといえる」（福澤、同右、五三頁）。

「このように、最高の地位と最強の力がバランスをとっていたために、その間に何がしらの余地があり、いささか思想が運動することができ、道理の働くべき端緒が開かれた日本は幸運だったのだ」（福澤、同右、五三頁）。

ではより具体的に、明治の三人の思想家、「脱亜入欧」の福澤諭吉、「アジアは一つ」の岡倉天心、クリスチャン芸術家の内村鑑三の場合を見てみよう。

3 丸山眞男の福澤・岡倉・内村像——近代化の息吹がアジアの空にこだまする

前記の丸山眞男はその著『忠誠と反逆』で、「福澤、岡倉天心、内村鑑三を一緒に並べることに違和感があっても、彼らが生きた世代の運命が、数多くの『内線回路』による相互精神の間にはりめぐらされていることに気づくだろう」と述べている。

彼らの生まれた家は、福澤が豊前中津藩、岡倉が越前福井藩、内村が上州高崎藩というように、現地の人びとは、多かれ少なかれ維新の影響を受けて翻弄される環境にあった。しかも三人とも大阪・江戸・横浜というような、「開国」の衝撃がいち早くまた大きな規模で現れた都市に育ち、若年の時からすぐれた語学力を身につける機会を与えられていた。

岡倉と内村はいずれ劣らぬ熟練された英語で「日本人」と「日本文明」を西欧に伝えた。福澤は逆に西欧文明の多彩な要素を驚くほどにたくみに日本語の文脈の中に移しかえることで、ヨーロッパ文明と日本文明とのすぐれた文化的架橋となった。

福澤は主義として「官」に仕えず、一生民間人に終始したし、内村は藩閥政府の最も鋭い批判者となった。三人のうち、いちばん権力に近い座を占めた天心も、東京美術学校を追われたのが契機となって、日本最初の在野の美術アカデミーを結成することになった。

彼らの生き方や思想は、当時の日本の正統的な枠組みから外れざるを得ない何かがつきまっており、まさにそれが三人の思想家としての生命力の基礎をなしていた（丸山眞男『忠誠と反逆』、ちくま学芸文庫、一九九二年、三三一九頁）。

年齢を見ると、内村と岡倉は一つ違いであり、福澤は二人に比べて、少しばかり年長であった。一八七〇年代はグローバルヒストリー（世界史）の舞台の激しい転換期に当たっていたので、この年齢差が「近代」の受け止め方に異なるものがあったとしても不思議なことではない。

内村も岡倉も維新直後の斬新な開明的精神を身体に染み込ませながら成長し、その蓄積は晩年に至っても全く廃れることはなかった。西欧文明の日本への移入を進めた福澤は、「欧化」の世界主義的帰結に抗してあえて「偏頗心」と自ら呼んだ愛国心に与した。

また、国会の開設と自由民権運動の皮相な側面を見出した時、「痩我慢の精神」のうちに、むしろ国民的独立の貴重なエネルギーを見出していた（「偏頗心」と「瘠我慢の説」については後述する）。

それは天心におけるアジアの個性と伝統への熱情的な謳歌が、他面において美術の普遍性と東西の区別なく、歴史の「連続と断絶」となって現れていた。

それはまた、内村が言うように、「われわれは一層普遍的になることによってのみ、一層人間的になることができます」（「絵画における近代の問題」明治三十七年九月、セントルイスにおける講演・原英文）という普遍的人類の理念に裏うちされていたのだ（丸山『忠誠と反逆』、前掲書、三三二頁）。

丸山はいう。「福澤の痛嘆は、やがて天心の煽情的な『東洋の覚醒』の叫びとなり、あるいは内村の、骨を刺すような帝国主義の弾劾となってインドやアメリカの空にこだまするのである」（丸山、同右、三三二頁）。

4　より広い学問・芸術・宗教の「文明開化」を求めて

三人はまた維新後の文明開化の皮相な外面性を批判する点でも声を揃えた。日本ははたして何を通じて世界に貢献するのか——これが彼らの使命観に関する共通の問いであり、「独立」の理念を共有していたのだ。ここに後年の国家主義者たちの「自己増殖的な皇国使命観」との決定的な差異があった（丸山、同右、三三三頁）。

福澤は学問と教育の「すすめ」に、岡倉は日本の美術の振興に、内村はキリスト教の「日本化」に、それぞれの全力を傾注しながら祖国の将来を託した。

しかし福澤は必ずしも「専門学者」ではなく、天心は必ずしもたんなる「美術批評家」ではなく、内村は必ずしも「宗教家」ではなかった。「三人とも意識的にプロフェショナリズムの狭隘さを排した文明批評家であった」（丸山、同右、三三三頁）。

彼らは学問・芸術・宗教それぞれの領域のテーマをつねにより広い文化的関連で捉え、それらを国民の精神構造の問題にまで掘り下げて考察した。

彼らはまた、はからずもそれぞれの分野での伝統にたいして激しくたたかい、学問・芸術・宗教の「文明開化」を押し進めるという共同の課題に導かれていった。

福澤によれば「政府」と名のる籠の中に閉じ込められることは、学問の非独立性の反面にほかならない。既成の社会関係にたいする順応を意味する卑俗な実用主義から学問を解放し、これを専門性の基礎に位置づけることで、はじめて学問が実生活を向上させる効果をもたらす。福澤の「実学」は単なるスキルではなく、学問の専門領域を基礎にした「国際教養の真の意味合い」を、私達はここに見出すことができる。

同様に、天心が「美術のための美術」を排したところに、福澤の「実学」と共鳴するものがあった。中国の近代化の過程では、「中体西用論」という表現に見られるように、「身体の大元は、あくまで中国であり、西欧的なものは利用しようとした」に過ぎない。

ここに私達は、中国とは相容れない日本の伝統の雑居的重さと近代化の特殊性を見出すことができる。「教会至上主義から宗教家の職人化が生まれ、福音の純粋な信仰に立つほど宗教の正当な意味での『実践』的機能が発揮される」（丸山、同右、三三五頁）。

これがカルヴィニズムの思想的影響と、明治日本における内外宣教師の実態の観察によって、内村が得た確信であった。三人の職域での基本的姿勢と問題の立て方における内面的類似性はもはや明らかだろう（丸山、同右、三三五頁）。

ただし日本の教会は、米国やドイツのように、豪奢ではなく、毎週日曜日に集って、「平和を告げ知らせる」「神の愚かさと弱さ」といった牧師の説教を質素に聞きに行くためのもので、日本ではクリスチャンはさほど多くない。また日本人はイスラム教にさほど関わらない。

前記の三人の比較は、維新期の思想家の有り様を、「多文明の凌ぎ合い」として私達の心に浸透させる。フランスの思想家・カントは「純粋理性批判」で「知識」、「実践理性批判」で「道徳」、「判断力批判」で「芸術」を扱った。それは、聖書のいう「真善美」と戦前・戦中の日本で全体主義と戦った河合栄次郎のいう「真（知識）」「善（道徳）」「美（芸術）」と通底する。

このことを前提にして、次章以降では、福澤諭吉と西郷隆盛の言説と行動を見ることで、多文明の衝突と共生、日中比較文明論と日本人の心の琴線に触れることになるだろう。

第五章　福澤諭吉の日中文明比較論

1　逆説の連鎖が導く日中文明の比較――儒教の政治社会的影響力

日本人の心や日本文明を論じる際に、私達が驚愕するのは、明治維新前後の福澤諭吉の言説の多彩さだろう。そして、その言説の多彩さを見ながら掘り下げていけば、福澤の日中文明の比較と日本人の心の核心に収斂することになる。

周知のように、私達が通常福澤諭吉について理解しているのは、明治維新後に「文明開花」を訴え、西洋の事情や学問を日本にとりいれ、近代化を進めようとした啓蒙思想家のイメージだ。だが、「文明開化」の前に福澤が不屈の魂で抵抗しなければならなかった課題が存在した。「儒教」との対決だ。

福澤は中津藩の下級サムライであった頃から「儒学の前座」を努められる位にそれをしっかり勉強していた。だからこそ、「儒学ではどうにもならず、このままでは日本は危ういこと」を嫌というほど感じ取っていた。

明治維新は通常、徳川時代の下級サムライと商人との連携によって敢行されたと言われる（H・ノーマン）。彼らは当時の「士農工商」という雁字搦めの身分制度を破壊しないと世の中の進歩はないと判断していた。

こうした身分制度は西欧にも存在していたが、下級サムライと商人との連携は日本独自のものだった。また商人の功利主義は賄賂の源泉にもなっていた。

こうして、福澤は長崎に行って「蘭学」を学ぶことになる。その後、大阪の緒方洪庵塾に滞在し、江戸に出て、ペリー来航以来のアメリカ人にオランダ語で話しかけて言葉が通じなかった。英語を学ぶ必要を感じたのは、このときからであった。

福澤が日本にいて、アメリカ人と最初に接触したのがこの時であったことを考えると、英語が通じなかったのはやむを得ないが、福澤は、このときから自分が日本人であることを肌で感じたのであろう（『福翁自伝』、ちくま新書、二〇一一年）。福澤はその後、徳川幕府の「無血開城」を敢行した勝海舟らと二度の洋行を行うことになる。

徳川時代に、国学による儒学批判がなされたものの、前記のように、「儒学・儒教」は残存してしまった。このため、明治維新後の福澤による儒教批判の必要性が生じた。

彼は一方で、儒教の政治的社会的影響力を「学問的対象として、その論理的精緻さと体系的整序性において近代科学の前に耐え得ない」と思いながらも、他方で、明治三〇年になってなお、「儒魂の不滅」を痛嘆しなければならなかった（『福翁百話』角川ソフィア文庫、二〇一〇年、丸山真男『福沢諭吉の哲学』、岩波文庫、二〇〇一年、九頁）。

徳川時代の支配の道具として儒教が使われていただけなら、幕府の崩壊で儒教も消滅していったかもしれない。だが、人が数百年も慣れ親しんできた思想の類型は、ほとんど生理的な慣習になっており、たとえ幕藩体制が崩壊しても、儒教の強靭性を消し去ることはできなかった。

福澤自身も前記のように、「日本では神道より仏教の方が浸透していたし、『神仏混合』が長かったため、両方の千年来の習慣を見れば（物事の推移は）明らかだ」と述べていた。

ここには、思想的伝統の「連続・断絶と変容」が顕著に現れている。また、このことは、東アジアの階層的文明の藩型において、今日の日本人の対中認識に見られる贖罪意識に呪縛されている進歩派と中国の台頭に対決しようとする保守派の両義性に通底するものがある。その点については後述する。

2 激烈な儒教との闘いの必要性

徳川幕藩体制の崩壊過程を描いた『日本政治思想史研究』で知られる丸山真男は、前傾書『福澤諭吉の哲学』の中で、儒教批判について、次のように述べている。「こうして『独立自尊』の市民的精神のための諭吉の闘争は必然に、反儒教主義が彼の一生を通じての課題をなしたのである」（丸山『福沢諭吉の哲学』、前掲書、一〇頁）。

『学問のすすめ』や『文明論之概略』の読者は、このような立場からの儒教批判に頻繁に遭遇することになる。丸山によると、「そこに俎上に載せられたのは当然、封建社会の思惟範型まで成熟しているような儒教理念であった」。福澤の儒教批判は、思想の論理性より機動性（執拗な粘り）を問題としたところに特徴があった（丸山、同右、一二頁）。

福澤の生涯を前期と後期に分けてみると、前期は彼が『西洋事情』『学問のすすめ』『文明論之概略』など、いずれも一世を風靡した代表的名著で啓蒙思想家としてその地位を確立した時代だった。

そこでは、福澤の生涯のうち最も華やかで、最も多彩な側面を形作っていた。丸山は「この時代の諭吉の行動が儒教に対する闘争を最大の課題、唯一の目標としていたことは自伝からも読みとれる」という（丸山、同右、一一頁）。

はたして、そうであろうか、多彩な言説を展開した福澤が「生涯をかけて儒教批判を行った」と言いきってしまうのは単純すぎる。厳密に言うと、この時代にはまだ、丸山真男のいう「市民的精神」は存在していなかった。現代政治学的には「市民社会」はいまだ存在せず、当時は国民社会がようやく息吹き始めたばかりだったのだ。

また、福澤の後期の作品はより多彩になり、新しいものの育成を目指す「文明開化」に重心を移していった（丸山、同右、一三頁）。

福澤が国民の前に大きな思想的存在として姿を現したのは、『学問のすすめ』からであった。福澤の欧化主義者、文明開化論者、啓蒙思想家としてのイメージを代表する著作が『学問のすすめ』であった。冒頭の「天は人の上に人を造らず、人の下に人を造らず、といえり」で知られるこの本は、「国民の教科書」として日本国民に読まれたのだろう（渡辺利夫『士魂』、海竜社、二〇一六年、一一八頁）。

福澤自身もその中で、次のように述べていた。「日本といっても、西洋諸国といっても、同じ天地の間にあり、同じ太陽に照らされ、同じ月を眺めて、海を共にし、空気を共にし、人情が同じように通い合う人間同士である」。

「『天理人道（天が定めた自由平等の原理）』にしたがって交わり、合理性があるならば、アフリカの黒人奴隷の意見もきちんと聞き、道理のためにはイギリスやアメリカの軍艦を恐れることもない。国がはずかしめられるときには、日本国のみなが命を投げ出しても国の威厳を保とうとする。これが一国の自由独立ということなのだ」（福澤諭吉『学問のすゝめ』、現代語訳、ちくま新書、二〇〇九年、一四頁）。

「個人の自由を妨げようとするものがあれば、政府の官僚に対しても、遠慮することはない。ましてや近頃は四民平等の基本もできたことなので、みな安心して、ただ天の道理にしたがって思う存分行動するのがよい」（福澤、同右、一七頁）。

前記のように、当時進行していた欧米列強の進出がアジアを経て日本に迫ってくる危機の予感を福澤は鋭く察知していた。その危機意識をもとにして、日本が列強から独立し、独立を守るための精神を論じ、その精神の根源を、伝統社会の「士風」「士魂」に求めて主張する、もう一つの反骨を見せることになった。

その最初の反骨が『学問のすすめ』であったというのがアジア開発経済学の泰斗・渡辺利夫の解釈だ（渡辺『士魂』、前掲書、一一九頁）。これに対して私は、『学問のすすめ』には、後述するような「人生論の教科書」の側面のほうが強かったのではないかと考えている。

3 『学問のすすめ』での文明論と人間論

福澤はまた、この本の中で、初心者向けと学者・専門家向けに、読者に分かりやすいものと高尚な表現とを巧みに使い分けていた。

「天が人を生み出すに当たっては、人はみな同じ権理（権利）を持ち、生まれによる身分の上下はなく、万物の霊長たる人としての身体と心を働かせて、この世界のいろいろなものを利用し、衣食住の必要を満たし、自由自在に、また互いに人の邪魔をしないで、それぞれが安楽にこの世をすごしていけるようにしてくれるということだ」（福澤『学問のすすめ』、前掲書、九頁)。

これは、当時の明治政府が「士農工商」を廃止した後の福澤による理論付けの意味があったことと関連する。当時の社会には「賢人から愚直」まで、さまざまであったのだから、「賢人と愚人の差は、学ぶか学ばないか」によって決まる(福澤、同右、一〇頁)。

福澤は言う。「明治維新のときから……いかんともし難い原因があって思うようにいかなかったのが多いのだ」。その原因を、「国民の無知無学」や「無気力な愚民」に帰する福澤の言説は辛辣だ。

「だから、人民がもし暴力的政治を避けようとするならば、いますぐ、学問を志して、自分の才能や人間性を高め、政府と同等の地位にのぼるようにしなければならない。これが、私のすすめる学問の目的である」(福澤、同右、三三頁)。

では、日本がかろうじて保持してきた「国体」とは何か。「国体」の「体」は「合体」の「体」で、「体裁」の「体」でもある。福澤によれば、国体とは「一種族の人民が集まって苦楽を共にし、他国の人に対して自他の区別を作り、幸福も災いも自分たちで引き受けることで独立した存在であることを」示すもの。西洋の言葉で「ナショナリティー」を持っているものに他ならない（福澤諭吉『文明論之概略』、現代語訳、ちくま文庫、二〇一三年、五五頁）。

「国体」は変化するし、分離や合体を繰り返す。「政治の本筋」（ポリティカル・レジティメーション）は「正統」を意味し、長く権力をもつには「道理」が必要となる（福澤、同右、五八頁）。

「文化が進んで来ると、学者の議論が権威を持つようになり、それがその国の事情に好都合になることもある。必ずしも武力を使わずに無事に変革がなされることもあるのだ」（福澤、同右、五九頁）。明治維新はまさにこれに相当する。

「真に文明の精神と呼ぶべき最も偉大で重要なもの」は、「人民独立の気概（気力）である」。「この気概がなければ、一国独立の権利を主張しこれを発展させることは難しい」。このように西洋思想を見事に読み解く『学問のすすめ』のなかに、私は、福澤思想の核心の端緒を見る。

前述のように、福澤の「庶民」に対する見方は相当辛辣で、庶民を「愚民」という「愚民観」は、『学問のすすめ』以外にもあちこちに顔を出している。

福澤はもともと、庶民を文明化や社会発展の原動力として捉えておらず、期待はあくまで「中流階層」だった。つまり、人間のもっている権利は生まれながら平等だという一方、人間社会には階層（「地位」）があり、社会を動かす中心的な階層は「中流階層」だと福澤は説き始める。

「国の文明というのは、上の方、政府から起こるべきものではなく、下の方、人民から生まれるものでもない。必ずその中間から興って、人民にその方向性を示し、政府と同等の立場からその成功を期待する」というのが、福澤の説明方法なのだ。

それ自体は、今日のような二一世紀の現代に蔓延する「大衆迎合主義」に陥らないためにも、必要なことなのだ。

こうして福澤は、文明社会での法の精神、国民の役割などに論を進めながら、「命の捨てどころ」として、「世の中の文明に貢献すること」を、その場所として想定する。また、「男女間の不合理」や「親子間の不合理」を指摘しながら、「よりレベルの高い学問」としての「文明論」へと、議論を展開していく。

「文明とは、世界中の過去の人々が一体となって、いまの世界の人＝われわれに譲り渡してくれた遺産なのであって、その大きく広いことは、土地や財産とは比べ物にならないけれども、いま誰に向かってこの恩を感謝すればいいのか、その相手は見当たらない」。「要するに、われわれの仕事は」、「この世の中に生きた証を残して、これを長く後世の子孫に伝えることにある」と説く福澤は、この本で、「人生論の教科書」を書き残していたのだ。

同時に、文明の効能が一回の戦争で終わるのではなく、「この変動は戦争による変動なのではなく、文明に促された人心の変動なのだ」。文明を取り入れる「チャンスに出会っているのが、今の学生たちなのだ」と述懐していた。

こうして福澤は、「学問にかかる期待」、「外国人と競うことこそ学問の目的」、「この事業は国内の仲間と争うもの」はなく、「その知恵で戦う相手は外国人だ」と喝破した。「美しいタテマエに潜む害悪」「名分の代わりに職分を」と言いつつ、人間の「品格を高める」方法を、伝授しようとしていたのだ。

そのためには、「怨望（ねたみ）は最大の悪徳」だと理解し、「人生設計の技術」、「判断力の鍛え方」や「正しい実行力」を会得して、「人望と人付き合い」をより良きものに高めていかなければならない（以上の引用については、福澤『学問のすすめ』、前掲書、参照）。

私が、この本を「人生の教科書」と呼ぶ理由は、ここにあるのだ。この本の末尾にある最後の一節で、「人間のくせに、人間を毛嫌いするのはよろしくない」と福澤が書き残したのは、そのことを裏付けている（福澤『学問のすすめ』、同右、一三〇頁）。

私もこれまで、国際関係を「国と国との関係」と言うだけではなく、それは「人間と人間との関係」として見るべきだと強調してきたが、『学問のすすめ』は「人間学」の本だったのだ。

4 『文明論之概略』で「議論の本位を定める」

『学問のすすめ』と同時進行で福澤が書き続け、一八七五年に刊行した大作が『文明論之概略』だった。文明とは何か、日本の文明開化を如何にして進めるべきかについて、福澤が最も大きなエネルギーを注いだことは間違いない。

ここで、現代語に訳した齋藤孝氏の解説や、福澤の原文、渡辺利夫氏の福澤論、故・丸山真男氏の『「文明論之概略」を読む』などを踏まえながら、私の独自の解釈を展開する。

現代日本ではほとんど常識化していることも、福澤の時代ではそうではなかったことも多い。むしろ「常識化」させたのは福澤自身だったとも言えるだろう。

明治維新から一五〇年が過ぎているのに、福澤の書作から多くを学べることも、当時の状況と今日の国際情勢とが類似していていているからだ。また、本稿を読むことで、福澤と直接的に対話しているような感覚をもつのも、もう一つの利点であり、私の意図でもある。

福澤の多彩な言説だけではなく、彼の人間的性格と魅力（「明るさ」「強靭さ」「バランス感覚」など）に触れられる場としても、彼の文章は設定されている。

「バランス感覚」については、「智と徳」が何度も出てきて最後には「智」を優先する。同様のことは、「国体」という今日で誤解されやすい言葉の用法を見ても明白だ。「強靭さ」についても、福澤の「覚悟」が何度も現れていることで見て取れる。「横文字」のものを「縦文字」に置き換えるだけはすまされないのが福澤の言説の真骨頂だ。

一方「文明論」とは、福澤によると、「人間精神の発達についての議論で、『集団精神発達論』」だと言う。ただし、当時の世界を見てみると、文明を一挙に実現できるものでもない（福澤『文明論之概略』、前掲書、一一頁）。

西洋諸国のような「文明国」、アフリカやオーストラリアのような「野蛮国」、その中間に日本、中国、トルコなどの「半開国」が存在している。

文明を「野蛮」「半開」「文明」に分けた福澤は、「半開国」の日本は、他国に対抗しなければ独立も危うい。この危機感が、日本「外交」のあり方をどう理解すべきかへと繋がっていく。

「半開国」の日本が西欧列強と渡り合うには、「自国の権義を伸ばし、自国の民を富まし、自国の智徳を修め、自国の名誉を輝かさんとして勉強する者」を「報国の民」と呼び、その心を名づけて「報国心」という。

そして、日本が西洋列強と渡り合うべき「場所」が、まさに「外国交際」、つまり「外交」の場だと福澤は主張していた。はたして、これが「文明」といえるのか。もし、国民の文明が独立を手にするための「術」・「技」だとすれば、『文明論之概略』の核心は、ここにあると前記の渡辺利夫は説く（渡辺利夫『士魂』、海竜社、二〇一六年、一一四頁）。だが、果たしてそれだけなのか。

丸山真男は『福沢諭吉の哲学』のなかで、福澤の多方面での言説の基底に一貫して流れている思惟方法と価値意識を摘出し、それを彼の当時の政治経済社会などの各領域の具体的問題に対する態度の批判を如何に決定したのかを究明している。

冒頭の一節とここでのテーゼの意味するものは、事物の善悪とか真偽などの価値判断は、必ず他の物との関連において比較的に決定される。それはまた、実践的な効果との関連で、はじめて確定されなければならない。

つまり「議論の本位を定める」とは、「物事の軽重・善悪の比較をする際に、より重要でより良いと決まったものを」具体的に定着させることなのだ（福澤『文明論之概略』、前掲書、二〇頁）。

こうして、一定の具体的状況が福澤に一定の目的を規定させる。その目的との関連で、はじめて彼の事物に対する価値判断が定まってくる。

「ペリー来航以来の怒涛のような西洋文明の侵入と幕末までの価値体系が急速に崩壊したが、人間のものの考え方はそう簡単に変わらないので、人心の動乱が起きて、周囲の世界が分からなくなる」と、福澤はいう。

福澤の基本的な考え方は、議論の「単一化」を排して「多事争論（多彩な出来事と議論）

の間に進歩が可能な前提を作っていく」ということだ。そのためにも「議論の本位を定める」こと、つまり問題を具体的に定着させることが必要になる。これは、この本全体の方法論として生きているのであり、だからこそ、この表現を冒頭に置いたのだ。

では何故、西洋文明を目指すのか。福澤は、西洋文明を「目的」にし、絶対化ではなく「相対化」しながら「進歩の思想」を身につけることを考えていた。福澤はいう。

「知性の進歩は知性の蓄積による。進歩史観は、内在的にはアジアからは出てこない。キリスト教の世俗化で、神が宇宙を創造し、そこで神の計画を実現していく場が歴史になる。歴史が無意味な時間の繰り返しではなく、イエスの死と復活というプロセスのなかで、はじめて歴史が有意味に進行する」。

「文明は一大劇場のようなもの」、「進歩史観」は「アジアから出てこない」という問題については、本稿の後半で検討する（丸山真男『「文明論之概略」を読む』、上、岩波新書、一九八六年、九六頁）。

「この摂理史観を世俗化すると進歩史観になる。『内在史観』と言っても良い。生物学的・有機体な進化の理論、啓蒙思想のなかにあった完成思想と結びついた進歩の思想。日本では、これらが混じり合って進歩思想を構成する。中国と違う自由の発展の可能性を見るのだ」（福澤『文明論之概略』、前掲書、丸山真男『「文明論之概略」を読む』、同右、九九―一〇〇頁）。

「いまこの時に当たって、さあ、前に進もうというのか、それとも後ろに退こうというのか。進んで文明の道を歩むのか、退いて野蛮へと返るのか。ここは、進むか退くかの二者択一だ。世の中の人が、もし進むことを選択するのであれば、私の議論が役に立つこともあるだろう」と福澤は喝破する（福澤『文明論之概略』、前掲書、三三頁）。

「マキャベリスト」「機会主義者」「拝金者」といった批判者たちは、後述する福澤の「痩せ我慢の説」に遭遇して驚愕し、かつ喜んだ。福澤は徳川体制を「権力の偏重の典型」として批判する一方で、「諸社会勢力の平衡関係の見事な実現」と賞賛する。ここに私は福澤の「バランス感覚」の妙味を見る。

福澤の哲学は紛れもなく彼自身のものだが、『学問のすすめ』はウエイランドに、『文明論之概略』はバックルやイギリスの文明史家ギゾーに影響を受けていることは福澤も認めている。

ただし、影響されたといっても、問題は福澤がそうした影響を自己の思想の中にどの程度主体的に取り入れたかによって、彼の一人の独立した思想家としての評価が決まる。『学問のすすめ』の冒頭の一節は広く知られているが、『文明論之概略』の冒頭の一節は軽くあっさり読み過ごしてしまうことが多い。

しかも福澤が何故この本の冒頭で「議論の本位を定る事」の必要性を説いたのかという問題設定はこれまでさほどなされてこなかった。しかし実は、『概略』の中で展開されているさまざまの論点の伏線がことごとく第一章に張り巡らされていて、冒頭の一節も福澤の全著作に共通する思惟方法が最も簡潔に要約されているのだ。

5 自由主義者・福澤の文明論――智力を巡る一貫性

他方、福澤のいう「愛国心」を「国家主義者」として批判すべきではない。彼は「愛国心」という微妙なキーワードを、彼の根本的な思惟方法に直接繋げていたからだ。

したがって、「日本の国家的独立」という言説も、あくまで条件付きの命題であり、福澤は「文明」が本質的に「国家を超越する世界性」を有していることにつねに自覚的であった。このことは、福澤の思想を矮小化させないためにも重要なのだ。「プラグマティズム」と「功利主義」、「惑溺」と「闊達さ」、「文明」と「進歩」、「知識」と「自由」といったキーワードを簡単に一括りにはできない。だが、「自由は強制されえない」ことを理解していたからこそ、「自由への道」を自主的に歩ませる「自由の弁証法」という深い深慮をもって福澤は生涯を貫いた。この「自由主義者としての福澤」は、生涯を貫く最も重要で「圧巻の書き手」として、強調し続けなければならない。

「文明の精神」とは、人民の「気風」である。「一国の気風」は時代的には「時勢」であり、人との観点から言えば「人心」であり、国という観点から言えば「国俗」または「国論」になる。「文明の精神」とは、これのこと「一国の国民性、風俗」と言っても良い（福澤『文明論之概略』、同右、四四頁）。ここでの福澤の議論の進め方には、あくまで、前提条件と時間の推移を意識したものであることに注目したい。

「文明を求める際の順序として優先順位がある。文明の要点はこの自然に備わった心身の動きを十分に発達させることにある。文明が少し進んで、世の中の精神が発達すると、智力も力を持つようになり、腕力と対抗し、両者が牽制しながらバランスを取り合い、いささか権力の偏りが是正される。人間の働きの領域も少しひろくなる。……学問も多様になり、かつてのような単一の世界に案じてはいられなくなる。戦争、政治、古学、詩歌なども人間の活動の一部になって、特権的な地位を占めることはない。これらが競い合い、最終的には均衡して互いに高め合い、人の品行を高尚にしていく。この段階で初めて智力が全権を握り、文明の進歩が見られる」（福澤、同右、四七―四九頁）。

「智力と文明の進歩を結びつける」。この文章にこそ、私は、福澤思想の核心を見る。こうして福澤は「日本文明の由来」を論ずる際に、宗教・学問・芸術・経済などのあらゆる文化領域の政治権力の凝集傾向を指摘し、微細な社会領域に食い込んでいる「権力の偏重」を摘発していった。

「智力」を至高の価値として強調する右のような福澤の言説の悪魔的な執拗さは、目を見張るものがある（以上の記述については、福澤『文明論之概略』、前掲書、丸山真男『「文明論之概略」を読む』、上、前掲書、参照）。

日本と中国の思想の違いについては、「中国人が純然たる独裁君主を仰ぎ見る限り、思想に乏しく、日本人は思想に富んでいるといえる。日本の場合、最高の地位（天皇）と最強の力（将軍）がバランスをとっていたため、その間に何がしらの余地があり、いささか思想が運動することができ、道理の働くべき端緒が開かれたのは幸運だったのだ」と福澤は説く（福澤、『文明論之概略』、前掲書、五三頁）。

「時勢」の「偶然性」や「バランス感覚」さらには「意図せざる結果の連鎖」を「逆説」のなかに取り込む福澤の言説には、驚愕すべきものがある。

では何故、文明を採用すべきなのか。いったい文明とは何なのか。福澤は続ける。文明とは英語で「シヴィリゼーション」と言い、ラテン語のシビタスに由来する「国」という意味をもつ。

文明とは、人間交際が次第に改まって良い方向に進んでいく様子を形容したもので、野蛮で無法な独立にたいして、一国の体裁をなしているということなのだ。「文明こそは最大最重要なもので、人間のすべてがこれを目的としている」と福澤は断言する（福澤、同右、七九頁）。

ただし、「世界に最上のものは存在しない」し、世界の始まりより「試験の世の繰り返しだった」のだから、「とりあえずやってみよう」。「学問の道は虚ではなく、発明の基を開き、実学を務めるものが少ない」という「虚と実」の対照を導き、「発明の基となるのが実学だ」という。

そして「実学」は「懐疑の精神に裏付けられた学問」という逆説がここで再び登場する。「真の世界に偽り多く、疑いの世界に真理が多い」というのも逆説だ（福澤『学問のすすめ』、前掲書、一九〇頁、丸山『「文明論之概略」を読む』、上、前掲書、一〇一―一一一頁、参照）。

とは言え、明治維新前後の大変革の源泉として「全国の智力」の働きに賭け、「内在的自由観」の存在の重要性に目を向ける福澤の思考方法は、私達の理解を深める上でも面目躍如たるものがある。

アダム・スミスが経済で実証したように、「天下の人心を導いて社会を豊かにすることは、智恵の働きの中の最大のもの」の一つなのだ。

こうして福澤は次のような考えに到達する。「文明がようやく開け、智力が次第に進むにつれて、人の心にも『疑い』の精神が生じた。自然の中の出来事に対しても、ただ見逃すだけではなく、物の働きをみればその原因を求めようとし、そこで真の原因にたどり着かなくても、一度疑いの精神を持った以上は、その働きについても利害を考慮して、利害を避ける（利益優先・損害回避の）工夫をすることが可能になった」（福澤『文明論之概略』、前掲書、二三〇頁）。

私達は、「文明の進歩」と「智力の増進」との関係性を、このような表現で知らされているのだ。

6 「権力の偏重」という病理的な日本社会構造での智力の役割

福澤の根本命題の一つである「権力の偏重」は、「自由は多事争論の間にある」ことを前提にしている。

「権力の偏重は、金力、腕力、智力でさえも、およそ『力』として人間交際に現れる限り、あらゆる領域の活動に当てはまり、それ以外の権力によって制限されないと、腐敗と濫用の源になるし、日本ではあらゆる人間交際つまり社会関係のなかに、権力の偏重が構造化されている」というのが、福澤の根本的な考え方だった。

「権力の偏重が日本文明の構造的特質なのは、この事実上の大小に価値が入ってくるからだ」。つまり福澤は、事実上の「有りよう」の違いだけでなく、それが同時に価値をともなう「権義の差」になっていることを日本文明の病理として批判する。

この「有りよう」と「権義」の区別が、人間の平等と国家の平等とを基礎づける際の「かなめ」になっているのだ。

福澤が西洋文明の根本原理の一つとなった「自由の複数起源説」から多くを学び、それによって如何に強く力づけられたかは語り尽くせない。「多元的権力偏重論者」としての福澤が、日本社会の「病理的な構造を法則として、日本で初めて一般化したこと」を忘れてはならない。

「権力偏重の政治」としての最も見事な手本として、福澤が「徳川家の巧妙さ」の例を挙げていることも的を射ている（福澤『文明論之概略』、前掲書、三一九頁）。そこでは、智力の発達と役割を前提にしているのだろう。

7　独立の手段としての文明

前述のように、日本は、幕末・維新は西欧列強が海外に進出した時代において、「半開国」として「文明国」と対峙しなければならない、そういう「外国交際」（外交）を余儀なくされた。

「本位」は文明にあるけれど、日本の発展段階からすれば、まずは「独立」を論じなければならない。これが福澤の論理の「核心」の一つだったのだ。

「天地の公道」をいうのなら、日本がかつて廃藩したのと同様に、世界中の国々が政府を廃した上で公道を主張すべきだ。つまり、世界中に国家があり、政府がある以上、その国民から国を思う「私情」を取り除くことはできない。

日本もこれに対応するには、「私情」を持ってせざるを得ない。そういう意味では、「偏頗心」と「報国心」とは、名こそ異なるが、内容は同じなのだと、福澤はいうのだ（福澤『文明論之概略』、前掲書、三五九―三六〇頁、渡辺『士魂』、前掲書、一〇九頁）。

すでに述べた「偏頗心」と「報国心」は福澤のキーワードで、問題の中心は「外交」だった。私達は、日本の独立が目的であり、文明はその「術」・「技」であるという『文明論之概略』の結論部分、「国の独立は目的なり、今の我が文明はこの目的に達するための手段である」に遭遇する（福澤『文明論之概略』、同右、三九一頁）。

議論の混乱を防ぐために交通整理をすると、「人類が到達すべき極致が文明であること」を福澤は繰り返す。実は、福澤にとっても文明が到達すべき目的であるが、容易に到達できない「極致」であり、だからこそ、それを目的としながらも、目下の最大の課題は「独立」であり、この「独立」の手段として「文明を捉えるべきだ」ということになる。「思考の順序を絶対取り違えてはならない」というのが福澤の思想なのだ（福澤、同右、一一三頁）。要するに、「真の独立」こそ日本人の優先すべき「文明」であり、「国の独立は即ち文明なり」ということになる（福澤、同右、一一六頁）。

ここにおいて福澤は、旧時代の君臣の関係を律していた徳義が外交（外国交際）における報国の徳義であり、つまりはナショナリズムを最高のモラルとして位置づけている（以上の記述については、渡辺、前掲書、一〇九―一一八頁、参照）。

福澤が「万物の霊として行動せよ」というとき、彼の驚くべき強靭な人間主義は、宇宙における人間存在の矮小化という現実から目を背けず、これを真正面から受け止めながら、逆に「無力感」で精神の主体性をより強化させる「契機」にまで転回させた。

前記の丸山真男がいうように、「真面目な人生と戯れの人生が相互に機能化するところにはじめて真の独立自尊の精神」があり、福澤はそうした「絶えざる精神の主体性」を讃えたのだ。私達はここに、今日に通じる「日本人の心の主体性」を見ることができる。

第六章　福澤諭吉のアジア外交戦略論

1　福澤のアジア外交戦略論の先見性——ほとばしる感情

最後に福澤のアジア外交戦略論を見てみよう。福澤の内政論は、「政治権力」の機能限定とその範囲内での権力の集約化を特徴とする。人権の内容を「私利」の追求に求め、政府の機能をどこまでも「妨害の妨害」に限定する典型的な市民的自由観に帰結する。

J・S・ミルの『代議政体論』やA・トクヴィルの『アメリカ民主主義』から多くを学び、「国家はいわば一人の男子の引っ張った活力」のようなものを有しているという。

これを当時の状況に当てはめると、福澤が明治政府と民権運動の双方を批判したことで彼の主題が一層明確に浮き彫りになる。彼の藩閥政府観は期待と失望を繰り返していたが、にもかかわらず、明治政府に対する批判は晩年まで変わることがなかった。

福澤のナショナリズムは、個人の自由と国家のそれが単に類推によってパラレルに説明されるだけではない。「一身独立して一国独す」という有名な命題が示すように、双方に必然的な内面的関連が存在することに特徴がある。

「個人的自由と独立」、「国民的独立と平等」が同じ原理で貫徹し、見事なバランスを保っている。これは、福澤のナショナリズムというより日本の近代ナショナリズムにとって、美しくも薄命な古典的均衡の時代を示していた（丸山『福沢諭吉の哲学』、前掲書、一四五頁）。私はここで、日本人の運命の儚さを見る。

それから三、四年後に福澤が国際政治に関する論文を書いたとき、彼はすでに「自然法」から離れていた。その端末は『文明論之概略』の中で特殊な形で現れていた。ここで注意すべきは「報国心」と「偏頗心」を同じものと扱いながら、国民的忠誠心を「私情」と規定していたことだ。

「私情」や「偏頗心」は非合理性の中で成り立つものであり、啓蒙的自然法はもちろん合理性を前提にしている。福澤はまさに、合理的なものが非合理的なものを駆逐していく過程にこそ、「一生をかけるべき文明の進歩」を見た。

国際社会の圧倒的な非合理性の現実に直面して、合理性の価値的な優位性を認めながらも、あえて非合理的な「偏頗心」に国民的独立の推進力を求めていったのだ。

有名な「痩せ我慢の精神」はそれと相通じるものがあった。西郷隆盛が暴力を否定しながら「日本国民抵抗の精神」の存続を希求したとき、福澤も「抵抗権」を「権利」としてより「抵抗の精神」「人間の魂の問題」として理解していたに違いない。

2 「バランス・オブ・パワー」のなかの日本の「資力」と「気力」

「バランス・オブ・パワー（勢力均衡）」は本来、三〇年間の悲惨な宗教戦争の結果としてウエストファリア講話条約が結ばれ、それを起点とする一八、一九世紀の「ウエストファリア体制」で機能した概念だ。

それは「グローバル・ヒストリー（世界史）の中心」がヨーロッパにあった時代の西欧諸国の「水平的」な国家間の関係を前提とする。それにヨーロッパ諸国から遅れながらアジアでは先陣をきる日本が入ると、自然法から国家理性への急激な旋回のなかに、ヨーロッパ帝国主義時代の開幕とその激しい対象になった東洋諸国の現実が加わる。

国際社会をアナーキーな「弱肉強食」の世界と見た福澤は、他の多くの自由民権論者と同様に、東洋世界に対するヨーロッパ帝国主義の足跡を見た。「バランス・オブ・パワー」（勢力均衡）という特殊な響きは、キリスト教文明の一体性と非キリスト文明に対する客観的保証の欠如を露にしている。

ドイツの思想家・政治社会学のウェーバーのいう「さめた精神」の持ち主だった福澤の国際政治論では、「外交」という「術」と「技」が弾力性を保持する決定的要因と見なされていた。

彼の『自伝』に見られる満足感の表明は、福澤の国際的観点の優位の立場が、外からの衝撃のあまりの強さによってその実質的文脈を徐々に変貌させたこと。日清戦争の勝利は、彼の危機意識の弛緩をもたらし、日本の近代化と独立の前途に対する楽観的な展望を生んだことは否定できない。

だが、丸山真男が言うように、福澤の独立自由と国権主義との結合が、反儒教主義を媒介にしていたということは、日清戦争が最も明確な形で証明したのだ（丸山、前掲書、三三頁)。

ただ私は、丸山が体現した二〇年代の理想主義的国際秩序から三〇年代のファシズムの中での「日本の国体」の変容を福澤の言説と重ね合わせて読むことには、無理があると考えている。戦前・戦中の丸山の「実体験」と福澤の言説とは、二人が置かれていた時代背景が圧倒的に異なるからだ。

むしろ私は、丸山の次のような指摘の方が、福澤の歴史的貢献を正当に評価しているように思う。「自由は強制されない」事を確信した福澤が、「人民を多元的価値の前に立たせて自ら思考し、選択させ、自由への途を自主的に歩ませることに終生の任務を見出したのであった」(丸山、同右、九五頁)。

なお、渡辺利夫は、勝海舟を哀れむ福澤の当時は公表できない政府批判の激烈さと、毀誉褒貶を嫌った福澤の真骨頂を見事に描いている。ただ、勝海舟と榎本武揚が明治政府に仕えたことを、「忠臣は二君に使えず」という形で在野の福澤が批判するのは理解できるがいささか執拗すぎる感も否めない。勝海舟も榎本武揚も死に場所を失って、明治政府に仕える選択を行った可能性を否定できないからだ。

福澤はさらに進んで、西欧が砲艦外交で臨んでくるのは、西洋とアジアとの間に文明の差があるからだと考えた。そして、西洋の国々に対抗するには「権力の平均」を図るより他はないと福澤は考えていた。「バランス・オブ・パワー（勢力均衡）」という現代国際関係論の概念を、福澤はすでに明治一四年に用いていたのだ（渡辺『士魂』、前掲書、一六二頁）。

この勢力均衡を作り上げるためには、アジアの中では、日本がその先陣を切らなければならない。中国、朝鮮に対する当時の福澤の不信感は徹底的だった。

そのうえで、日本が独力で西洋に対峙すべしというのが、福澤の考え方だった。ところが、問題は日本にそんな力があるのか。福澤はそのための「資力」は日本にあるが、足りないものがあり、それは「気力」だという（渡辺、同右、一六八―一六九頁）。

日本にも気概のある階層が厳然として存在するではないか。これこそ「士族」だと福澤はいう。「士族」の精神の血統は、遺伝子を通じて脈々と現在に受け継がれており、その「気力」の発揚をもってすれば、西洋列強との対決は十分に可能だと福澤はいう（渡辺、同右、一六九頁）。

福澤はさらに、日本は「脱亜」に成功したが、支那、朝鮮にはそれが不可能であった理由として、古風「旧套」に、呪縛されているからだと述べている。

心から期待していた朝鮮開化派のクーデターが脆くも崩れ、その指導者のほとんどが刑場の露に消えてしまったことに福澤は大いに落胆した。この落胆から翻って、朝鮮は開化派のクーデター一つくらいで変わるほど簡単な隣国でもないと福澤は深く洞察する。

「あれほどまでに熱い心根と義侠心をもって接してきた開化派の敗北、開化派を信じられないほどの極刑に処した朝鮮とはもうしばらくは付き合えない。少なくとも心情においては謝絶したいと福澤が考えたとしても無理はない」と、渡辺は説く（以上の記述については、渡辺『士魂』、前掲書、二一〇頁、を参照）。

福澤は「脱亜論」執筆後も朝鮮に「謝絶」などしてはいない。帝国主義時代の暴力的なパワー・ポリティクスの波が、極東まで深く及んでくる中で、私達は、福澤の朝鮮論、日清戦争論にいたる論理がより具体的に形成されていくのを見るのだ（渡辺、同右、二二二頁）。丸山はこれを「時代遅れの世界最後の帝国主義国家」の参入と揶揄した。

3　文明と野蛮とリアリズム

日清戦争の発端となった一八九四年の朝鮮の「東学党の乱」以来、福澤の論説は頻度を増していく。さらに、福澤の目は朝鮮から清国に移っていく。

「そもそも清国は世界に比類のないほどに昔からの考え方や習慣を頑固に守る腐敗国であり、朝鮮に比べれば国土の大小は大きく異なるけれども、腐敗の程度からみればほとんど同じであり、清国人からすれば朝鮮の国政に改革すべきものは何もなく、もし改革を要求すれば清国の君子みずからが改めないわけにはいかない」（渡辺、同右、二三九頁）。

こうした状況にあったのだから、日本のふるまいをみて、清国政府がこれに不信感を抱いていたのは明白だった。

「清国が日本に向かって公然と主張すべき議論はなく、また議論するほどの気力もない。ただ同類の朝鮮政府を教えそそのかし、行動に仕向けることによって、日本の外交政策を妨害しようとしているだけのことである」（渡辺、同右、二六一頁）。

福澤は、日清戦争は「文野」（文明と野蛮）の戦争であって、朝鮮併合には反対だった。日清戦争は「文明と野蛮の戦争」であり、朝鮮を文明化させるための戦争に他ならないというが、福澤の本旨だったという。

ただ、日清戦争で日本が勝っても、日清講和の直後に三国干渉がなされ、福澤は落胆と嘆きの論説を一九〇一年二月三日の死去の前に書くことになる。

日本が朝鮮に対して「義侠心」と「文明主義」を「いささか過剰にもったこと」が、対韓政策の失敗に繋がったと。

日本人の考えのなかには、朝鮮の国情について、あたかも明治維新以前の日本の状況と同じものだとみて、日本の経験をそのまま伝え導いて同方向への道を歩ませようとしたことも含まれていた。

しかし、思いがけないことに、彼ら朝鮮人の頑固かつ無知は南洋の土人にも劣らず、その道をたどらないばかりか、折角の親切を目の敵にし、かえって教導者を嫌悪するにいたってはやむをえない。「過剰な文明主義の押しつけは、彼らをしていよいよ日本への嫌悪の情を強めただけの結果に終わってしまったというべきである」（渡辺『士魂』、前掲書、二六一頁）。

福澤は三国干渉ののちに、日露戦争が近づくことを予見し、日英同盟の必要性を早くも説いていた。福澤のリアリズムの面目躍如たるものが、そこに見て取れる。私達は、以上のような福澤の言説の多彩さを収斂することで、日本人の心の核心を見る。

福澤はまた、「文明は普遍的なものだ」と考えた。そして、「自国が衰退に向かう時、敵国に対し勝算のない場合でも、力のあらん限りを尽くして戦う」、「また死を決するのは、立国の正義であって、国民が国に報ずる義務である」と語り、これを「痩我慢之説」だと論じた（福澤諭吉「瘠我慢の説」、現代語訳、『福沢諭吉幕末・維新論集』、ちくま新書、二〇一二年、五三頁）。私はここに現代にも通じる日本人の心の核心を見る。

「人間は他の生命体と同じく、その根本においては私であり、個の『私情』が至上の価値を持つそういう存在だ」と福澤は説く。個の「私情」は、内外的には国民の「私情」つまりナショナリズムになるはずで、福澤は「ナショナリズムは国民に由来する」（『福翁自伝』）と正確に把握していた。

さらに福澤は『明治十年丁丑公論』の冒頭で次のように述べていた。「最近の日本の状況を見ると、文明という言葉に騙されて、抵抗の精神は次第に衰退しているようである。国を憂える者は、これを救う手立てを求めざるをえない」（福澤諭吉「明治十年丁丑公論」

『福澤諭吉幕末・維新論集』、前掲書、八〇頁）。

「今、西郷氏は政府に抗するに武力を用いた。私の考えと少し趣を異にするところがあるが、その精神に至ってはそれほど差がない」（福澤、同右、八一頁）。

渡辺利夫がその著『士魂』のなかで訴えている福澤論の特徴は、西郷隆盛への愛慕と勝海舟や榎本武明への侮蔑からはじまり、福澤思想とナショナリズムを考察することにあった。そして、福澤思想の帰着まで、原著を読み解く形で、独特の筆致を用い、彼なりの特異な解釈を施している。それは、はからずも日本人の心の琴線に触れるものとなっている。

4　「瘠我慢主義」の士魂の普遍化

さらに福澤は、「今、西郷は兵を挙げて大義名分を破ったけれども、それは、今の政府の大義名分に過ぎない。天下の品行を害したものでもない」と述べていた。渡辺利夫は、西郷隆盛、勝海舟、榎本武揚を論じた福澤の「丁丑公論」「瘦我慢の説」を類まれなる傑作と評価し、一般の読者が有する通説を破壊しつつ新たな解釈で纏め上げている。

実際、福澤は「痩我慢が評価される理由」として、次のように説明していた。「小さな大名、権力なき天皇の朝廷も痩我慢によるもので、武士の風俗の美徳という点では、古くから三河武士の右にでるものはなかった」。

「徳川家に仕えることを絶対とし、家のため主人のためならば死を覚悟して勇ましく進んでいく。これが三河武士全体の特色で、徳川家の家風であった。徳川家の開運は、痩我慢の賜物だと言うべきである」。

「このように、痩我慢の主義は、人の私情から出るものである。冷たい数理だけの世界で論じれば、ほとんど児戯に等しいと言われても仕方がない」。

「日本の封建時代に、諸藩が相互に競争して士気を養ったのも痩我慢の主義による。徳川幕府を倒して大日本帝国となり、視野を広げて文明世界で堂々と独立しようとするにも、この主義が不可欠である」（以上の引用は、福澤諭吉「瘠我慢の説」『福澤諭吉幕末・維新論集』、前掲書、五三一五五五頁、参照）。

福澤が西郷への擁護を強め、政府転覆は「義」とし、その死を追慕しながら「第二の西郷こそ今こそ再びいでよ」と待望することは、現代に通呈する。

習近平の中国は、東アジアの階層的秩序において、韓国を見方につけ、日本への圧力を尖閣諸島への領海侵犯や日本人の拘束などでますます強めている。今日の日本に、第二の西郷、福澤らの誕生を期待するのは私だけではないだろう。

福澤はまた、前記のように、人民に期待するより、中流階級に期待したいという正しい認識を有していた。米国など現在の中産階級の失墜は、「大衆迎合主義」に陥っている一因で、推進力なき社会の変革を、明治の先達は如何に推進してきたのか。真剣に検討すべき課題だろう。

ただ、当時はそういう階級が存在しないという福澤の「嘆き」も存在した（渡辺『士魂』、前掲書、二七三頁）。正論を書いても、現実が追いついてこない福澤の苛立ちに満ちた当時の日本人の心の耽溺を、私はここに見る。

ここまでは時代（時間）の問題だったが、今度は場所（空間）の問題。「徳は家族の問題なのに、天下の問題に移行した」。「家族の間柄」と「他人相互の交際としての社会」を区別し、「ルール」を二つに分け、「経済道徳の低さ（商人の汚職など）を脱するためには士族の気風（士魂）を商人に植え付けなければならない」と福澤はいう。

イギリスでのジェントルマン、アメリカのコモン・マン（普通の人）、フランスのシトワイヤン（公民）、日本でのサムライが、福澤にとって、それぞれの国の典型的人間像なのだ（以上の記述については、福澤の原著と丸山眞男『「文明論之概略」を読む』岩波新書・下、一九八六年、参照）。

5　明治維新が成功した本当の理由

福澤言説の検討を終える前に、福澤自身が解説した明治維新に関する論考を紹介しておこう。もとより、私自身の明治維新に対する分析は、勝海舟や西郷隆盛を登場させながら最後の段階で試みたい。

「徳川氏の政権は終始盛んで、天秤は一方に傾いていたが、その末になって人民の智力はわずかに進歩し、はじめて反対側に小さな分銅を載せることができた。もちろん、アンバランス、もし、その後に『開国』という事態がなければ、いつバランスを破って、智力の方に傾くことになったかはわからない。幸い、嘉永年間にペリーが来た。これが改革の好機会になった」（福澤『文明論之概略』、前掲書、一四三―一四四頁）。

「幕府の役人も、必ずしも外国との交際を好むわけはなく、ただ外国人の力と理屈に対抗できずに、それで『道理に拠った』ものがおおかったのであるが、攘夷論者の目から見れば、『こんな道理は陰獣姑息以外何者でない』。幕府は攘夷論と外国人との間に挟まって進退極まり、バランスを採るどころか、ますます弱まっていく。攘夷家はますます勢いづいて、はばかることなく、『攘夷』『復古』『尊王』『倒幕』などと言って、とにかく幕府を倒して攘夷を実行することに全力を尽くす」(福澤、同右、一四五―一四六頁)。

「結局、『幕府を倒す』と言う一点で衆論がまとまり、全国の智力がすべてこの目的に向かった結果、慶応の末年に革命がなったのだ。革命の後に攘夷をするのが成り行きのはずだが、それはなかった。また、敵である幕府を倒せばそれで終わりになるはずだが、合わせて大名や武士も斥けることとなった」(福澤、同右、一四六頁)。

これはどうしてなのか。「これは決して偶然ではなく、攘夷論はただ革命の始まりであってそれは事の『近因』に過ぎない。その目的は『王政復古』でも、攘夷でもない、復古攘夷説を先鋒として、旧来の身分重視の専制政治を打倒したのだ。したがって、事を起こしたのは皇室ではないし、幕府が敵だったのでもない。『智力と専制の戦争』であって、この戦争を企てたその原因は、国内全体の『智力』だったのであり、これが事の『遠因』だったのだ」（福澤『文明論之概略』、前掲書、一四六頁）。福澤のこの説明は極めて巧みなものだが、それだけではない。

6　時代を動かす「智力」

ここには福澤の次のような意図が沈み込んでいた。「遠因」を探求しないと「近因」だけでは軽率に大きなことを言うだけに終わってしまう。「遠因」が究極原因だという意味でもない。「何か一つの命題から色んな関連現象を包括的に説明できるようなケース」を福澤は念頭においており、より多くの現象間の関連の仕方を見ようとしていた。「より多くの現象を関連させて説明できるほど、「より一般的な遠因」になる。福澤にとっての「遠因」とはこういうことだったのだ。

そしてそれは、福澤が幕末維新期の変動を説明する際の伏線になっていた。ただし、前記の福澤の論説だけで、「明治維新や廃藩置県が成功した本当の理由」を説明するには無理がある。だが、この言説が間違っているわけではないし、「時勢」を読み取る福澤の慧眼は鋭い。

「千載一遇」とは、「時に合う」ことの難しさを示している。では、ここでの「時」とは何か。「時」とは、二、三人の心が作るのではなく、「時にあわなかった」ということでもない。そうではなく、「何か」とは「時勢」であり、当時の人の「気風」でもあり、その時代の人民に行きわたっていた「智徳」だと福澤は言う。

天下の形勢は蒸気船が走るようなもので、人間は航海者に例えられる。「世の中の治乱荒廃についても同様だ。大勢が動くにあたり、二、三の人物が政治で天下の人心を動かそうとしてもそれは無理というものだ。……英雄豪傑が何かをなしたというより、智徳の進歩を妨げなかったことだけなのだ」（福澤『文明論之概略』、前掲書、一一九頁）。

彼は次のように問いかける。「全てを個人の動機から説明していくと歴史を説明できなくなるのは何故か」。「歴史というのは予期せざる結果の連続」であって、「人の心の働きは初めから決まっているものではない」からだ。

私はここに、ヘーゲルの「理性の狡知」（なすがままに）を見る。また、前記の文章のなかで、福澤が「智徳」を最重要視していることは、もはや明白だろう。渡辺利夫は、福澤の言説のなかで、最も重要なのは「気風」と「独立」の二点を指摘したが、私はむしろ「智徳」「智力」の重要性を主張したい。

第七章　西郷隆盛の大変革――西郷隆盛に見る日本人の士風

1　薩長同盟――西郷を動かした人々

周知のように、西郷隆盛が実践した「国家の大業」には、明治維新前後の「倒幕を決定づけた薩長同盟」、「大政奉還と江戸無血開城」、「廃藩置県の大変革」と「未完の朝鮮との交渉」などがあった。

西郷には著作もない。西郷は、自分自身のことにこだわって自らの心の内を人に語ることなど恥ずべきことと考えていたのだろう。

『西郷南洲翁遺訓』に出てくる次の表現はほとんど伝説化している。「命もいらず、名もいらず、官位も金もいらぬ人は、仕抹に困るもの也。此の仕抹に困る人ならでは、艱難を共にして国家の大業は成し得られぬなり」。幕府側の傑物・山岡鉄舟が西郷とあって残した表現だ。

本稿では、明治維新の経緯をたどりながらも、廃藩置県の大事業と朝鮮との交渉問題や西南戦争での殉死に至る西郷の存在感の内奥を把握、説明してみたい。

薩長同盟に至る過程で、西郷は、勝海舟から天下の形勢を次のように説かれた。「薩摩藩が幕府に従い、先棒を担いで長州と戦ってご覧なさい。長州を全く退治しつくすのは、たいへんなことだ。かりにそれをなしとげたとして、薩摩藩に何の得るところがあるかね。あんたがたが力をふりしぼって長州を退治すれば、幕府はこんどは薩摩藩を退治に押しかけてくるよ。唇亡びて歯寒しということになりかねないね」。

西郷が密かに薩長連合へと舵を切り始めたのは、このためであった。私見では、薩長連合を実質的に仕掛けたのは勝海舟だったと言えなくもない（津本陽『巨眼の男　西郷隆盛』中巻、新潮文庫、二〇〇四年、一三六―一三七頁）。津本陽氏は「歴史小説家」なので、通常は依拠しないのだが、津本氏のものだけは一次資料を使って史実を詳しく記録する手法が定評なので、本稿でも活用することにしたい。

ただ、勝海舟の教えを受けて実際に行動したのは坂本龍馬だった。「薩長同盟は薩摩と長州だけの問題でないきに。こん国を救うためのもんぜよ」と説得した坂本龍馬の言葉に西郷が目覚め、薩摩藩の方から同盟を申し込むことを了解した。

それまで、薩摩側に利用されてきた龍馬が、このとき一介の浪人の立場で二大藩を結びつける大きな役割を果たしたことは周知の通りだ。

桂（木戸）は自叙伝に次のように記していた。「ここにおいて、龍馬（が）余（私）の動かざるを知り、またあえて責めず。而して薩州またにわかに余の出発をとどむ」（ここで、龍馬は私が動かないのを知り、あえて責めなかった。また、薩摩は、私が長州に旅立つことを急ぎ留めた）。

龍馬は、いま薩摩藩が長州藩の滅亡を見のがせば、次に幕府から抹殺されかねない立場に追いやられる事情を、桂と西郷に説いたのだった。

西郷は、両藩のいずれにもかたよらない第三者として意見を述べる龍馬の立場を十分に理解できた。桂は、幕府の長州征伐で、長州藩の運命が破滅の淵にのぞむ前に、薩摩と提携し活路を拓くことができることを再確認した。

外国四ヶ国の艦隊が兵庫などの開港を迫る中、幕府や各藩の動向は諸外国の思惑をも反映していた。その経緯はここで述べることができないほどの複雑なものだった。ただ、いずれにせよ、こうして、薩長同盟が実現したのだ（津本陽、前掲書、二五二頁）。

2　大政奉還と江戸城無血開城の立役者

次いで、大政奉還と江戸城無血開城の経緯を見てみよう。

薩長同盟前日の慶応二年一月二〇日、幕府は長州の処分を決めるための会議を開き、藩主父子の隠居と蟄居、領地の十万石削減を決め、二二日には、朝廷の了解を得た。

三月には老中・小笠原が広島に赴き、長州父子に出頭を求めたが、すでに開戦を覚悟していた長州藩は時間稼ぎをして一向に動く気配がなかった。

ここで、幕府を驚愕させるような事件が起きた。薩摩藩が長州再征への出兵要求に対して、拒絶書を幕府に送りつけたのだ。日本史研究で最新作『西郷隆盛』を上梓した家近芳樹によると、拒絶書は大久保が提出したものだったという（家近芳樹『西郷隆盛』、ミネルヴァ書房、二〇一七年、二〇四頁）。西郷自身が筆をとったという説もある。

だが、長州藩が最後通告を無視していたので、幕府ももう後には引けず、六月七日に第二次長州征伐の戦端が開かれた。兵力の数の上では、幕府の方が圧倒的に有利なはずだが、実情はそうではなかった。薩摩藩の出兵拒否が他藩に影響していたからだ。

日本史研究の磯田道史はその著『素顔の西郷隆盛』で、長州の軍装備は薩摩を介して取得した洋式で、幕府軍の旧式より優れていたと述べている（磯田道史『素顔の西郷隆盛』、新潮新書、二〇一八年、一二七―一二八頁）。

幕府の力は地に落ちていたし、大阪に出向いていた徳川家茂が、心労のあまり急死すると、これを潮時として、幕府は休戦命令を出した。

徳川慶喜は先手をとって、征夷大将軍の称号を朝廷から得ようとしたが、拝命を受ける直前に孝明天皇が死去した。長州征伐は中断したままで、兵庫、大阪の開港に関する外国との交渉も解決していなかった。

この時点からの西郷の動きは速かった。鹿児島で、藩主久光、土佐で山内容堂、宇和島で伊達宗城、三月二五日に再度久光に会い、兵七百名を率いて鹿児島を出発した。「幕府を倒して慶喜を除く以外にこの国を変革する道はない」と思いを新たにしたのは、またしても西郷だった。

土佐の龍馬も加わり「薩土盟約」も交わされ、維新後の国のあり方を議論した。この時龍馬が船中で書いた「船中八策」は内容的には勝海舟の意図を反映したものであったが、それには、上下両院を備えた議会の設置などが盛り込まれていた。

大政奉還の急先鋒であった龍馬は、幕府から政権を朝廷に返還させ、国家元首が天皇であることもはっきりさせた上で、朝廷の政権運営を補佐させる秘策を有していた。だが、それでも物事はすんなり動く気配がなかった。

西郷は「慶喜公がこのまま黙っているはずはなか。……何か仕掛けてくる」と思慮していた。案の定、親幕側が巻き返しを謀り、慶喜に役職を与えることを提案した。西郷はここで、大久保利通顔負けの策士ぶりを見せる。「それはなりもはん。議定（役職）などにしたら辞官納地など、すぐ有名無実化されてしまう」。将軍の「地位が空白」であればこそ、大政を朝廷に奉ずる、またとないチャンスだったのだ。

ところが、周囲を戸惑わせたのは、徳川慶喜の秘めた思惑だった。慶喜はまず、将軍就任を固辞すると言い出し、これまで彼と対立していた老中たちや、朝廷、諸侯から切望されて就任すると言う形を取ろうとしたのだ。他方、馬関戦争賠償交渉のため、イギリスのアーネスト・サトウが兵庫県沖の船中で西郷と会談した。

サトウは西郷に幕藩体制の早期終焉を促した。また岩倉具視は、岩倉村に蟄居していた頃、「他の公卿たちが思いもつかないような国政の機構につき、大久保一蔵ら薩摩藩首脳を感心させるほどの具体案を考えていた」（津本、前掲書、三五八―三五九頁）。

つまり、大政奉還を仕掛けたのは、薩長だけではなく、岩倉と土佐藩の龍馬らも含まれていたのだ。西郷の言葉を借りれば、「土州（土佐藩）に大政奉還のはたらきをさせ、そんあいだに遅れた戦備をととのえんとならん」ということだ。ただし、土佐藩が幕府に提案した建白書には「大政奉還」の四文字が見当たらなかった。

どこまで行っても慶喜が大きな壁となって立ちはだかる。こうなると、「武力で白黒をはっきりさせる以外にない」と考えた西郷は、出兵準備のために鹿児島にもどり、あたかも「尊皇攘夷の戦い」であるふりをした。この行動は西郷にとって、「嘘をつくな」という「三つ目の戒め」を破ったわけではなかった。そう信じている人に、敢えて否定しなかっただけのことだった。

こうして慶喜は二条城から大阪城に移った。岩倉は、西郷や大久保と連絡しながら「大政奉還」の動きを進めていた。こうして朝廷は、大政奉還に際し、慶喜に対して「急ぐべき要件があれば、外国事情に通じた両三藩と申し合わせ、取り扱ってほしい」との回答を行った。

幕府は一〇月一三日、在京諸藩の代表者四〇余人を二条城に招き、大政奉還についての意見を聞いた。慶喜の回想によると、二条城に来たのは数名で、みな、「朝廷に判断を委ねる」と言って、すぐさま退散したという。

翌日、慶喜は大政奉還を上表したが、朝廷側の摂政はそれを受理するのを拒んだ。先に二条城に登城した数名は、摂政に会って脅しをかけていた。「殿下、もし御載可を奏請し給わずんば、それがしらにも決心あり」と。

御所内での最終会議でも物事はすんなり進まなかった。西郷は休憩時間に岩倉具視に耳打ちした。「匕首（短刀）一本あれば片付くことではごはんか……」。岩倉も、慶喜が将軍になることを固辞していた時こそ、幕府を倒す好機だと考えていた。そこで岩倉は、何事もなかったように会議にもどり、西郷の言葉を反対者の耳に入れ、ついに彼らを黙らせることに成功した。

摂政は午後に朝議をひらき、要請を受け入れることを決めた。摂政は、岩倉や大久保、そしてその背後にいる西郷に動きを封じられていた。翌一五日、慶喜は小御所で政権奉還の趣旨を申し述べた。こうして「大政奉還」はとりあえず実現した。ここに至る経緯はこれまた複雑で、この場で、短く説明することには無理が生じるので、詳細は別の機会に委ねたい。

前記の内村鑑三は、「維新は西郷の維新だった。西郷の存在が、最後のところでみなの支えになっていたのだ」と述べている。ただ、これまでの記述から明らかなように、明治維新の功労者を西郷一人に決めつけるには無理がある。

土佐藩の岩崎弥太郎のように、商売で資金を蓄えた商人の存在も見逃せない。土佐藩に建白書を提案するよう促した龍馬、自分で維新後の政府の機構を考えていた岩倉の功績も存在したからだ。

ただし朝廷は、大政を奉還させても、実際の政務を遂行する能力を欠いていた。ここから、大久保と西郷らは、本来の目的である倒幕へと動き出した。朝廷も討幕の密勅を薩長に与えていた。討幕の密勅は、秘中の秘として、慶喜もまったく知らなかった。

当時、密勅降下を知っていたのは、岩倉、西郷、大久保と木戸孝允のみであった（津本、中巻、前掲書、四四八頁）。それでも倒幕派と佐幕派との凌ぎ合いは続いた。この混雑の最中、坂本龍馬と中岡慎太郎が刺客に暗殺された。

大久保らを中心とする「クーデター計画」の失敗などもあり、西郷らは、窮地に陥っていた。そうした地獄を天国に変えるような事件が起きた。薩摩藩の江戸屋敷が焼かれる事態が起きたのだ。幕府に攻撃させ、戦端をひらく名分を得るため、西郷はかねてから幕府を挑発しようとしていた（津本、中巻、前掲書、四九六頁、家近芳樹『西郷隆盛』、前掲書、三〇二頁）。

幕府は西郷の秘策に乗って兵を動かしてしまった。西郷は味方の全軍に戦闘準備を命じた。「旧幕府勢力を武力で壊滅させなければ、日本の新生は望めないという吉之助（西郷）の考えは、実現のときを迎えようとしていた」（津本、中巻、前掲書、四九六―四九七頁）。

鳥羽・伏見の戦いで多くの犠牲を払った後、官軍東征の参謀となった西郷は、勝海舟との協議によって、幕府の要望をできるだけ受け入れ、平穏のうちに鎮定を果たそうとした。江戸開城のために、西郷と勝海舟が二人だけで顔を合わせた。

西郷は、勝海舟に初めてあった時の印象を一八六四年九月一六日付の大久保利通宛の手紙のなかで、次のように書いていた。「まことに驚くべき人物で、最初は軽く考えてでむきましたが、ただただ頭を下げるばかりで、英雄の肌合いの人で、佐久間象山より一枚上手です。学問と見識では佐久間は抜群の人物でしたが、実践では、この勝先生に惚れこみました」（筆者の現代文による）（津本、前掲書、一一一一二頁）。参考までに、同内容の西郷の生の発言も次に記しておこう。

「勝氏にはじめて面会しもしたが、まこて驚くばかりの人物でごわした。最初はさほどの者でもなかろうち軽く考えて出向きもしたが、ただただ、頭を下げるばっかいごわした。どれほど智略のあるか分らぬような、いってみれば英雄の肌合いの人で、佐久間象山よりも一枚うわてのごつごわす。学問と見識においては、佐久間は抜群の人物ござしたが、実地のはたらきならば、この勝先生じゃち、惚れこみもした」。

徳川慶喜は隠居して水戸で謹慎し、彼を助けた家臣を寛大に処分し命にかかわる厳罰を加えないなど、幕府側に有利な条件を勝海舟が提案した時、通常は交渉決裂に至るのだが、西郷は黙って勝の言葉を聞いていた。

勝海舟はその著『氷川清話』で西郷について、次のように述べていた。「あの時談判は、実に骨だったよ。官軍に西郷が居なければ、談は纏まらなかっただろうよ。……江戸の市中では大騒ぎさ。しかし、おれは他の官軍には頓着せず、ただ西郷一人を眼においた」。

「さて、いよいよ談判になると、西郷は、おれのいふ事を一々信用してくれ、その間一点の疑念も挟まなかった。『いろいろむつかしい議論もありませうが、私が一身にかけて御引受けします』(『西郷南洲翁遺訓』)。西郷のこの一言で江戸百万の聖霊やその生命と財産も保つことが出来、また徳川氏もその滅亡を免れたのだ」。

「この時、おれがことに感心したのは、西郷がおれに対して、幕府の重臣たるだけの敬礼を失はず、談判の時にも、始終座を正して手を膝の上に載せ、少しも戦勝の威光でもって、敗軍の将を軽蔑するといふような風が見えなかった事だ」(以上の引用については、勝海舟『氷川清話』、講談社学術文庫、二〇〇〇年、七二―七四頁、参照)。

西郷には、勝の置かれた立場が手に取るように分かっていた。ここで西郷の人間性が最大限に発揮された。勝の抗戦の覚悟、双方の払う犠牲の大きさを大局的に判断した西郷は、翌日の江戸城総攻撃をぎりぎりのところで中止したのだ。

これにより、江戸城の無血開城が実現した。勝海舟は「大西郷の偉大さは、おいらじゃなきゃわかるめえ」と西郷を賞賛していた。このときの西郷の振る舞いについては、家近芳樹もさまざまな側面から、関係者の「日記」を紐解く形で描き出している（家近、前掲書、三二一―三二二頁）。

3　西郷最大の功績――廃藩置県の成功

薩長同盟・大政奉還・江戸城無血開城・倒幕という大事業は、西郷に関わるものとして良く知られている変革であった。だが、廃藩置県の大変革が、西郷でしか出来ないような事業であったことは、あまり知られてはいない。

明治二年六月一七日、大久保利通が中心になって、藩籍奉還が実施された。その意味は、諸大名から領地と領民を天皇に奉還することだったが、実質的には藩主が知藩事（後に藩理事）に変わるだけだった。

だが、廃藩置県となると、変革の有りようが大きく異る。領地と領民を取り上げるのだから、大名は先祖代々所領していた領地を失い、領民は先祖代々仰ぎ使えた殿様の代わりに、どこの馬の骨とも分からない官吏が県令（県知事）として治めるのだ。

これこそが、まさに大変革であり、しかも西郷は、これによって生じるはずの大混乱を引き起こすことなく大事業をやってのけたのだ。

新政府の改革に期待していた庶民からすれば失望すべきことで、農民一揆が多発した。失望していたのは武士も同じで、彼らは明治維新で官軍の兵士として生命を危険にさらして戦った。それにも拘らず、恩賞はほとんど出ず、身分制も廃止され、武士は「士族」という名称に変わり、家禄の支給にも不安があった。さらには、徴兵制によって農民と同等に扱われることも議論され始めていた。

明治三年六月に、西郷は維新の功労として、賞典禄永世二千石を賜ることになったが、「官職に就いてもおらんのに、官位は不要でごわんど。本当に勲労があったのは死んでいったもんでごわす。彼らが賞典禄をもらえず、生き残ったわしがもらうのは理屈にあわん」と言って、返上を申し出た。

西郷は、薩摩兵の二大隊、二砲隊を鹿児島に引き上げた。大久保は、西郷にはまだ実践してもらわなければならない仕事があると言いつつ、何としても政府に戻ってきてもらうことを考えていた。一二月には、天皇からの勅使として、軍のトップの山縣有朋らとともに、大久保自ら西郷を迎えに鹿児島まで赴いた。

西郷は、「政府改革を自分に一任する」との条件で、上京を承諾した。この時、西郷の高潔な人格に山縣は深い感銘を受け、生涯にわたって西郷のことだけは繰り返し賞賛し続けた。その山縣が、西南戦争では西郷を敵にまわすことになるのだった。

ひとたび上京を決めてからの西郷の動きは速かった。上京の途中で山口に立ち寄り、木戸と会って、薩長土三藩の兵をともに上京させ、本来は木戸の政府入りも促したが、彼はその時点では上京しなかった。

そこで、高知に赴き板垣退助の賛同を得た。上京してからも、木戸の人並み外れたシャープな先見性が必要と判断した西郷は、大久保と従道を派遣して、木戸を上京させることに成功し、これで、大改革のための顔ぶれが揃った。

木戸や大久保らが「真っ先にやらねばならないこと」として挙げたのが「廃藩置県」だ

った。これを断行した上で政治改革を進め人事を行わなければ、旧藩主の介入が入り、藩閥の壁が残ってしまう。

「確かに木戸さんのおっしゃるとおりでごわんど」。西郷の長所は、重要なところで他人の意見を聞き入れながら即決することだった。同席していた山縣有朋も、この西郷の態度に感動したらしい（津本陽『まぼろしの維新――西郷隆盛最後の十年』、集英社文庫、二〇一八年、二六―二七頁）。

廃藩置県は、一連の政治改革のなかで、最も大きな困難が予想された。だが、西郷の判断は素早かった。「貴公らが（木戸と大久保）実施の手順をつけて下さいやしたら、あとは俺どんが引き受け申す。鎮定の方略はさだまってごわす。お気遣いなく、充分おやりんせ」。

だが、木戸は言った。「久光公が黙っておられるはずがござらん」。大久保は無言だったが、同様のことを考えていた。

そこで西郷は、「反抗する者は、俺どんが兵隊とともに立ちむかい、征伐いたし申す」と断言した（津本、同右、二九頁）。廃藩置県の方針はこの一言で決まった。続く七月十二日に、西郷、木戸、大久保の三人が廃藩置県を天皇に奏上し、裁可を受けた。

廃藩置県で、二百六十一藩が消滅し、三府（東京・京都・大阪）三〇二県に変わってしまい、すべての士族は失業することになった。全人口が約三千四百万だった当時、士族は家族を含めて二〇〇万近く存在していたのだから、これが大きな政治社会的大変革であったことは間違いない。

もし、明治維新が倒幕だけで終わってしまい、廃藩置県で中央集権化を成し遂げていなかったら、雄藩諸侯の利害調整に苦しみ、その後の近代化はもっと遅れていたに違いない。

西郷は維新・倒幕の功労者と言われるが、それ以上に重要かつ困難だったのは、藩を潰し、武士階級を解体することであって、西郷の維新の功績は倒幕よりも廃藩置県の方にあったと言えよう。

しかも人望ある西郷だからこそ、この大変革をさほどの混乱もなく成し遂げることが出来たのだ。つづいて西郷の改革は、御親兵制度に代えて、近衛兵を置き、山縣有朋を近衛総督の任につけた。

ただし、運の悪いことに陸軍内で長州藩の汚職問題が発覚し、山縣にかえて、西郷自身が陸軍元帥になり、近衛総督も兼務することになった。

さらに難事だったのは、徴兵制導入の問題であった。政府は当初、国民皆兵制度によって軍隊を組織化しようとしたが、士族の志願兵のみで軍隊を組織しようとする意見も多かった。

武士の特権が剥奪されて、軍隊に入ることも保証されないとすると、士族はどうやって暮らしていくのか。教師や警察官になるには限界もあるし、警察制度もポリスとして別途組織化された。

代わりに西郷はその後、士族の授産事業に全力を傾けることになる。他人の権利や生活に不都合を与えた代わりに、それとは別の手立てを実践していくところに西郷の西郷たる由縁があった。ただ、西郷の病気に対する研究関心の高い前記の家近芳樹によると、西郷はこの頃、相当の過労とストレスを溜めていたのではないかという。

すでに触れたように、福澤諭吉は、前記の『丁丑公論』で、西郷の施政を高く評価していた（福沢諭吉「丁丑公論」『福澤諭吉幕末・維新集』、前掲書、一二一頁）。

4　「征韓論」を唱えず――「死に場所」の定め方

西郷については通常「征韓論」の提唱者として知られているが、それは、誤った解釈だ。西郷は大陸政策の一環として、朝鮮への使節派遣を早い時期から考えていた。政府は事を慎重に進めるため、朝鮮に対して十分敬意を払う形で交渉の意図を何度も朝鮮側に示した。

だが、朝鮮も朝鮮で一向に首を縦に振らなかった。朝鮮と宗主国の清国に翻弄される当時の外交の有り様は、現代日本の対朝鮮・中国との外交とも通底する。

また、新政府の朝議では、「護兵帯同論」で兵士を連れて朝鮮に向かうことが決定された。

だが、西郷はこの朝議に出席しておらず、それを知らされた西郷は、「兵士などつれていけば、必ず戦火が交えられる」として、代わりに西郷が単身使節として朝鮮に出向くことを主張した。

『南洲翁遺訓』のなかに、「正道を踏み国をもって斃るるの精神なくば、外国交際は全かるべからず」とある。彼は、生命の危険があっても、とにかく人事を尽くすことが必要とし、平和的解決を第一の優先順位においていた。

「いま陸海軍を派遣して居留民保護にあたれば、朝鮮は当方の本意を疑いもんそ。日本国がわが朝鮮を乗っ取るつもりじゃというに違いなかごわす。これでは政府がはじめからあの国と友好をむすぶ態度と違うてくるじゃごわはんか。まずは兵を出すをとどめ、全権使節をつかわし、正理を述べて朝鮮政府に過ちを気づかせるのが大事ごわす。……論じてもなお使節に危害を加うるときは、朝鮮の曲事はあきらかなれば、名分はわれらにありもす。天下にその罪を鳴らして打ち倒すべきでごあんそ」と西郷は独自の意見を述べた（津本陽『まぼろしの維新』、前掲書、一〇六頁）。

海軍奉行の勝海舟も次のように証言している。「西郷の念頭に征韓があれば、渡海に軍艦・軍船は必要不可欠だが、このことについて西郷から準備や検討の指示は一切なかった」（勝海舟）。

現在の鹿児島県で西郷の次に評価が高く、関ヶ原の戦いでも活躍した島津義弘の存在がある。「鬼島津」とよばれた義弘は、豊臣秀吉の朝鮮出兵でも朝鮮や清国に恐れられるほどに貢献した。熊本の加藤清正らの同意を得て、ドイツのビスマルクが作り上げた同盟網のようなものを九州で駆使した。

島津家の家訓は「義、頼、合理性」であり、君主は「ないないで後継者の誰が最も有能かを決めておいて」、表向きは「くじ引き」で行われた。これでは、他人も不満の出しようがない。こうして九州に一大薩摩藩の村立が可能になった（「島津義弘〜数々の武勇を残すも実直であった文武両道の猛将」、インターネット記事などを、参照）。

西郷が簡単に兵を出さない考え方の持ち主だった理由は、島津義弘の直径・島津斉彬の薫陶を得ていたからと推察される。「攘夷・攘夷」といっても、国家の独立が危うい状態では、「日本はまず国力を身に着けなければならない」と西郷は考えてきた。同様の思考は福澤にも見られる。

ときあたかも、岩倉具視視察団が西欧から帰国し、文明の発展した西欧から日本が多くを学び、日本自身も「文明開化」によって近代化に邁進すべきことを政府の西郷に訴えた。

ここで西郷と大久保が朝鮮問題で激しくぶつかりあった。岩倉も「朝鮮で西郷の身に万が一のことがございますと、とうてい後事が続きませんので、不可とすべきかと考えます」と天皇に具申した。

この対立は、明治の元勲が「戦略・政策」として何を優先すべきかという「考え方の違い」が、「意地の張り合い」に転化したことにも由来したかのように見える。西郷自身にも廃藩置県で武士の身分を廃止し、若い頃に島流しにあったことの恥辱や何人にも譲れない「士魂」が宿っていた。その西郷がこの時点で朝鮮に交渉に赴くことが最善策であったのか。西郷の国際情勢認識には謎の部分も多い。

ところで、前記の家近芳樹の『西郷隆盛』は、それなりの力作だが、西郷が当初から「征韓論者」であったとし、朝鮮に「死に場所」を求めていたと述べている。また、磯田道史の『素顔の西郷隆盛』は、隆盛を「遺韓論者」と述べている。

家近芳樹はまた、この時期の西郷は「鬱病」で、「狂気の世界に入りかけていた」とし、推測の域を出ない論調で西郷を批判している。ここまで、書いてしまうと、この本の信憑性を問われることになるだろう。

こうして、自分の思いを絶たれた西郷は、明治政府を去って、鹿児島に戻ることになるが、これが、いわゆる「西南戦争」の発端となった。

5　西南戦争の謎と真の意味合い

鹿児島に戻る前に西郷は大久保と会って挨拶をした時、「あとん事は、おはんにまかせもす」という西郷に対して、「また、おまんさの悪い癖がでもうしたの」と大久保は答えた。「悪い癖」とは、物事を途中で投げ出すことを意味していた。これが二人の永遠の別れになる。

新政府の政権運営も、西郷の民権的改革路線から大久保の国権的欧米化路線へと変わることになった。日本を支えたエリート官僚制度の基礎を築き、その中核に内務省をおいて、「富国強兵・殖産興業」政策を推進したのが大久保であった。

一方、下野した者たちも黙ってはいなかった。明治六年の師走に佐賀の乱を起こした江藤新平が、温泉に浸かったりしていた西郷のところに訪ねにいった。宇奈木温泉の宿の女将の話によると、西郷は大声で「私がいうようになさらないと、あてがちがいもんぞ」と語ったという（津本『まぼろしの維新』、前掲書、一七〇頁）。

西郷はひとつの仕事をするとき、かならず命を賭けておこなった。かるがるしく命を投げ出すのではない。死なねばならないときに身を投げ出すのだ。

西郷は、同士を見捨てて戦場から脱走し、救援を求めた江藤を卑怯未練と見て、叱咤するほかはなかった。島津久光は西郷を呼び出し、「そのほうはすみやかに佐賀におもむき、これを鎮圧いたせ」と述べた（津本『巨眼の男　西郷隆盛』、下巻、前掲書、九五頁）。

西郷は、「そげな事は、私のできることではございもはん。政府軍のすることじゃごわはんか」と言って固辞した（津本、同右、九五頁）。

明治八年一〇月二四日夜、熊本に神風連の乱が起きた。次いで西郷が鹿児島を離れて山村で狩猟、読書の日々を送っていた時、秋月、萩の乱の情報を得ていた。

政府は、西郷暗殺の密命を帯びていたものを鹿児島に送り込んでいたが、その中には「あん人は今の日本に大事な方じゃ、薩摩士族の狭い料簡で滅ぼしてはいかん」という者もいた（津本、同右、一〇三頁）。

西郷は、旧藩、新政府のいずれのときも権力階級からはずれ、権力者に使役される下級武士、農、工、商の階層に、あたらしい光明、希望を与えてやりたいと望んでいた。

私学校を開設する時、「先生、学校の規則はいけんしもんそかい」と聞かれた西郷は、「おはんが規則ないやい」と答えていた。

西郷は、江戸で大事を成し遂げた後、すぐさま鹿児島に帰ることが多かったが、その理由として、彼が若い頃に沖永良部島の監獄に監禁されていたこともあったようだ。

「ただわが身の出世のために忠義をしもんせば、どげなふうにも立身の道はございもす。……しかし、今でも、獄中の賊臣であったときのことは忘れちゃおりもはん」（薩摩藩の元家老「桂久武への書状」、津本、下巻、前掲書、一六五―一六六頁）。

このことから私は、西郷が朝鮮との交渉の任を解かれた段階で、「殉死」を考え始めたのではないかと考える。その意味で、西南戦争は、西郷に最後の「死に場所」を与えたのだ。

当時の鹿児島は、地租改正などもあり、士族、農民らの生活も次第に困窮し、私学校に集まった者たちも決起に走ろうとしていた。

全国の情勢が騒然としてきた当時、政府の施政を無視して独立国のように振る舞う鹿児島県、その県政を指揮している私学校党の実情を諸県に伝える役割を果たしていたのは、『評論新聞』だった。

少新聞だが、反政府党派の機関紙として、その記事は志士たちに唯一の指針として読まれた。反政府の志ある人々に多大の刺激を与えた。他方で、政府を観察する有力な手がかりとなり、薩摩の志士に西南戦争を引き起こす材料を与えたのも明らかだった（津本『まぼろしの維新』、前掲書、一八一―一八五頁）。

西郷が決起を決めざるを得なかったのは、明治一〇年の弾薬略奪事件が起きたためだった。「政府は近頃外城士族の刺客二、三十人を鹿児島へ帰らせ、大先生（隆盛）を亡き者にしようち動かせちょるそうじゃ。それに政府の汽船が夜中にほうぼうの火薬庫から兵器弾薬を持ち出し、赤龍丸へ盗人んごつ運びおるようじゃ。これは俺どんらを征討すっためのの支度をしちょるに違いなし。これを見逃す手はなか」（津本『まぼろしの維新』、前掲書、二二一頁）。

弾薬略奪事件はこうしたなかで起きた。この時西郷が「しもた」と叫んだことはよく知られている。血気に走る私学校の志士の当時の状況を西郷は十分把握していたに違いない。だからといって、このことを他人の背にするような西郷でもない。西郷は、「おはんらにやった命、おいの愚策」と言いながら決起した。

当初は全面的戦争より、政府の無道を尋問するだけに留めたいと思っていたのだろうが、ここに至っては、木戸・大久保らの策略に誘導されての決起であることを、西郷は理解していたに違いない。また、鹿児島に長らく逗留していた西郷が、政府の威力を過小評価したとも思えない。

前記の勝海舟は「西郷が私学校党の生徒たちを見殺しにするはずはない」と見て、西郷の決起を予測していた。この時期の鹿児島は、深々と雪が降り、積雪していった。その雪の中、西郷は熊本への行軍を始めた。これは通常はありえない愚策で、西郷が官軍との全面戦争を望んでいなかったのなら、陸路での衝突を避けて、海路で東京に向かうか、別の方法を取るべきだったのだ。

熊本隊の使者と会った西郷は言った。「明日の天明を待って、熊本城に全力をふるって攻めかけもす」。だが、西郷の熊本攻めは突然中止になった。薩軍は予想外の打撃を受け、再度の城攻めをためらったのだ。

もとより、強靭を誇る薩摩士族が、熊本城攻略に手を焼いたからといって、退却する恥辱に甘んずることもできず、間断なく城攻めを行った。ただ、その後は、いたずらに人命を失うことを避けようとした。

こうして薩軍は田原坂まで退却する。そして南下してくる官軍が最初に登ることになる坂道が田原坂だった。この「田原坂の戦い」こそ、西南戦争の激しさを象徴する戦いであった。

ここで薩軍は、官軍を包囲し、凄まじい白兵戦に引きずり込んだ。日暮れ前から氷雨が降り始め、次第に激しくなってきた。戦いのとき、雨が多かったことは、装備が旧式だった薩軍にとって不利であった。

だが、官軍を引き付けておいてその退路を断つ薩軍の戦い方は、官軍の数の有利を発揮できない。こうした白兵戦の悲惨さは壮絶なものだった。田原坂戦線の状況については、津本陽が、川口武定著『従制日記』を引用しながら次のように記述している。

「無数の賊屍、土塁の前後に枕籍（ちんせき）して倒れたり。賊はたいてい銃創を負う。その服たるや、陸軍旧制服、あるいは海兵服、あるいは小紋股引きをつけ、うしろをからげ、あるいはメリヤスの股下などを服する者あり。形状一ならず。破裂弾にあたりたるものは五体飛散し、わずかに両脚もしくは片足を余す者あり。あるいは頭顱（とうろ）なかば爛砕（らんさい）し、脳漿（のうしょう）を流し、スイカの熟爛したるに似たり。（中略）

筆紙のよくつくすべきにあらざるなり」。

また西郷の信頼する部下・村田新八の長男ではないかと推測される少年の死は、「敵ながら、かほどに英学も相応にできる少年が、死せしことは可憐なり」とされ、南日本新聞社編『鹿児島百年（中）――明治編』に掲載されているという（以上の記述については、津本『まぼろしの維新』、前掲書、三四八頁、参照）。

「雨は降る降る人馬は濡れる、越すに越されぬ田原坂」
「右手に血刀、左手に手綱、馬上豊かな美少年」

三月二〇日、このあたり一帯は豪雨になった、明け方に雨は上がったが、今度は濃い霧に包まれていく。午前六時、官軍は三発の号砲を合図に、泥のように眠っていた薩軍への猛攻撃を仕掛けた。

薩軍は堪えきれず敗走した。こうして、一七日間の「田原坂の戦い」はあっけなく終わりを告げた。それでもなお、半年もの間、戦いは続いた。

薩軍は、官軍の包囲網をくぐり抜けながら、人吉から延岡へと移動した。山縣を総大将とする官軍は、薩軍が延岡に集結することを掴み、「もう逃がすわけにいかない」と最後の決戦に備えた。

西郷たちは、八月一六日、全軍に対して解散命令を出した。西郷は、まだ捨てずに持っていた軍服を火に投じた、二頭の愛犬も手放した。西郷たちは、ここから戦史に残る脱出劇を試みた。

西にそびえる可愛岳を越えようとする山越えだった。六時間をかけて、稜線まで辿りついた。西郷たちはそこから再び進軍し、宮崎県西臼杵郡でも五〇〇の官軍を撃破した。

西郷は一言「鹿児島へ帰っど」と号令した。「どうせ死ぬなら故郷に戻って死のう」という西郷の意図は明らかだったが、そこから鹿児島に着くまで八〇キロ以上の道のりがあった。

彼らは官軍の守備隊を蹴散らし、私学校跡に陣をしき、城山が最後の拠点となった。想えば、よくぞここまで辿りついたものだと感心する。福澤の故郷・中津から薩軍に参加し、城山まで同行した増田宋太郎という秀才がいた。

彼（当時二八歳）が隊士たちに打ち明けた言葉が後世に残ることになった。「僕は城山まできたおかげで、はじめて西郷先生の身辺にいて、謦咳に接することができた。一日先生に接すれば、一日の愛が湧き出てくる。三日先生に接すれば、三日分の愛があふれる」（津本、前掲書、四六七―四六八頁）。

6　西郷の殉死と謎

もとより西郷は、「西南戦争」で自ら相手方を直接的には一人も殺してはいない。イギリス公使のパークスは、西南戦争を引き起こしたのは西郷自身ではなく、彼を取り巻く壮士たちだったのだという考えを疑いもなく有していた。

挙兵の前に鹿児島で西郷に会ったアーネスト・サトウは、西郷との会話は「採るに足らぬものだった」と書き残している（津本、前掲書、三七五頁）。

西郷の「殉死」の思いはすでに決まっており、多くを語る必要もなかったし、ましてや相手方を自らの手で殺す必要もなかったからだ。このため、福澤に限らず、西郷のことを悪く言う人は一人もいない。福澤の西郷への強い愛慕は、このことに由来する。

西郷は、「覇道」を最後までおしとどめ、「わが道」を生きるために「死に場所」を求めてさまよい、福澤もまた、自ら「欧化主義者と思われるのは真っ平だ」という。私達はその「気力に明治精神の強靱性」を見ることができる（渡辺、前掲書、一三六―一四四頁）。

この頃、九州らの各地には政府の密偵が多数送り込まれていた。西郷の存在を最も恐れた大久保の手配もあっただろう。ただ、多くの人たちが言うように、西郷その人の究極の考えが何であったのかは、よくわからない部分も多い。

ジャーナリストの丸亀賢司はその著『西郷隆盛と西南戦争を歩く』で、そうした謎を解き明かそうとしているが、「謎」のまま残っている部分も多い（丸亀賢司『西郷隆盛と西南戦争を歩く』、文春新書、二〇一八年）。

また、西郷の死体は発見されたが、首が見つかっていない。江藤新平のさらし首の例もあったので、誰かが埋めてしまったのだろう。今日まで、見つかっていない。西郷の謎と恩恵なのかもしれない。

終章　日本人の心の核心――アジア多文明での「共生」と「新たな世界文化」の創出へ

私はこれまで、東アジア多文明のなかで、日本文明と中国文明を対峙させ、日本文明の「雑居性」に基づく日本人の心の特殊性をまずもって浮き彫りにすることの必要性を説いてきた。

福澤は「習慣の威力」や「権力の偏重」について多くを語り、「日本ではあらゆる人間交際の――つまり社会関係のなかに、権力の偏重が構造化されている」という根本的考え方を有していた。

さらに福澤の日本文明論は、人間に対して猜疑嫉妬の心が「深い」のと、物に対して疑いの勇気が「ない」というのがパラレルになっていることに特徴がある。この「疑い」の文字を用いながら、人間交際の場合と事物の理の場合が対比させられているのだ。

「権力の偏重」についても、「日本の様子は、前記の西洋とは大きく異る。……日本では、権力偏重のあり方が、社会のすべてにしみ込んでいる。……この権力の偏重もこの（国の）気風の一つだ」と福澤は言う。

「治者と被治者」に関しては、治者は「上」にあり「主」であって、「内」でもある。被治者は「下」にあり、「客」であり、「外」でもあり、この両者は、日本文明の二大要素だと言う。

「学問の盛衰は、世の中の治乱と歩みをともにしており、東洋と西洋では、学問のあり方が違っており」、東西の相違点として、「乱世の後、西洋諸国では学問が人民の間に起こったのに対し、わが日本では政府より起こった」と言う。

皇室に権威が付与されていても、実際の人間世界の権威は「智徳」のあるところに帰する。だから、皇室であっても、本当の「智徳」を持たない以上は、本当の「権威」をもちえないと。

徳川家における「権力の偏重の政治」は、「最も見事な手本で、巧妙を究めたものだった」と言う。日本社会の病理的な構造を法則として一般化したのは福澤が初めてだった。「国の独立」を目的とするなら、目的を定めて、文明に進む。それしかない。「目的とは、内外の区別を明らかにして、わが国の独立を保つことである。そして、この独立を保つ手段は、文明のほかはない」。「いまの日本人を文明の道に進めるのは、わが国の独立を保つ、ただそれだけのためなのだ」と福澤は言う。

こうして、福澤は、日本文明と西洋文明や中国文明の違いを語り、「権力の偏重」「治者と被治者の関係」、日本国民や士族の「気風」と「智徳」に関して様々な角度から洞察した。そして最後に当時の日本の国家としての「独立」の重要性を訴えた。

また、福澤の西郷論は今日においても通底するものがある。福澤だけでなく、私達日本人は、明治維新や廃藩置県といった大事業を大きな混乱もなくなし遂げることができたのは西郷が主役として実践したからであることを忘れてはならない

「命もいらず名もいらず、官位も金もいらぬ人は仕末に困るもの也、この仕末にこまる人ならでは、艱難を共にして国家の大業は成し得られぬ也」（『南洲翁遺訓』）。すでに述べ

たように、この表現はほとんど伝説化している。

勝海舟も『氷川清話』で、「大西郷の偉大さは、おいらじゃなきゃわかるめえ」と多大の評価を与えている。

今日においてこそ、「第二の西郷、再びいでよ」と訴えるのは私一人ではないだろう。「西郷は、生涯で二度も政府の転覆を企て、始めは成功し、後には失敗した。(一度目の結果)、幕臣だけでなく、東北の諸藩でも難渋し、「その点だけを見れば、西郷は人の艱難を引き起こす張本人だ」と言わざるをえない。

しかし、文明進歩の触媒になって大きな利益となったところもあるので、最初の転覆で、西郷は忠勇第一等とされ、当時の人達も隆盛を許すことになった。「西郷を死地に追いやったのは政府である」と福澤は彼の西郷論をまとめ上げている。

私はまた、これまでの記述で浮き彫りになった日本人の心の核心を、台湾、ASEAN島嶼部に基礎づけることで、アジアなりの価値観を共有できるのではないかと考えてきた。

この仮説が過ちだとすると、本書のポイントを再度練り直す必要性が生じることになるが、現時点で修正の必要はないだろうと考えている。

さらに私は、迫りくる日中文明の衝突を念頭において、日本人が中国人に論争を挑むべきことを訴えてきた。

第四次産業革命と第三の開国に直面している日本は、今後ますます、独自の戦略的思考に基づく日本の「主体性」を主張すべき局面に迫られるだろう。

東アジアに密集する多文明の中には、欧米のキリスト教文明を若い国柄で主張するアメリカ、四千年の伝統をもつ中華文明と社会主義イデオロギーで「中華民族の復興」を唱える中国。

朝鮮式自立の思想とイデオロギーや経済状況の限界からか米朝首脳会談に舵を切った北朝鮮、ミニ中華思想と「事大主義」を有しながら民主化された韓国、下からの民主化によって「市民社会」を創出した台湾などが林立し、それらは、東南アジアのＡＳＥＡＮ諸国との結びつきを重視している。

こうした中での日本人の立ち位置は、複雑な状況を強いられるが、そこから「活路」を見出すこともできないわけではない。タイに密集する日本企業を通じて、生産の技術や投資と日本人の心や宗教心を、ＡＳＥＡＮ島嶼国に伝播し、日本人の心の基礎を教育により共有できれば、アジアにある程度の「共通の価値観」を日本が打ち出すことも可能なのだ。東南アジア諸国も日本の技術や文化的教育を希求している。

かつての日本には、平和主義と同時に「武の精神」が脈々と受け継がれていた。これも、日本人の心の根底にある変奏曲として、日本の「主体性の活路」を拓く手助けになるだろう。

翻って前記の京都学派の西田幾多郎は、「日本文化の問題」と題する講義の中で、日本文化について、次のように語っていた。現代文で記す。

「我々は深く、西洋文化の根底に入り、十分にこれを把握するとともに、更に深く東洋文化の根底に入り、その奥底に西洋文化と異なった方向を把握することによって、人類文化そのものの広く深い本質を明らかにできるのではないかと思う。それは西洋文化によって東洋文化を否定することでもなく、東洋文化によって西洋文化を否定することでもない。

また、そのいずれか一つの中に他を包み込むことでもない。換えって従来よりは一層深い大きな根底を見出すことによって、両方共に新しい光に照らされることになる」（西田「学問的方法」『日本文化の問題』、前掲書、一四六―一四七頁）。

西田はまた、本来あるべき「日本文化の姿」を次のように纏めていた。日本文化は、古来から「神道的な要素」を有しながら、「仏教的要素」、「儒教的要素」、さらに「近代西洋的な要素」を受容してきた。こうした「特殊性」と「雑居性」を有する日本文化こそが「独自性」を失わずに世界文化の形成に参画し、「新しい世界文化」の創造に寄与できる（西田『日本文化の問題』、前掲書、一二八―一二九頁）。

もとよりそれは、東洋文化や世界文化の支配を日本文化が試みることを意味しない。西田は、日本文化が世界の多様な文化に深く通底し、「新たな世界文化」の創造への貢献を希求したのだった。加えて西田は、「倫理的実体としての国家と宗教は矛盾するものではない」と明確に述べていた（西田『西田幾多郎哲学論集Ⅲ』、前掲書、七九頁）。

本書では、ハンチントンの「文明の衝突」論、福沢諭吉の文明比較論、また、戦前・戦後の日本の思想界で、論考の内容によっては様ざまの異なる解釈と批判の遡上に乗った論客の言説を取り上げてきた。

さらには西郷隆盛に代表される明治維新前後から今日に至る指導者の思想と行動についても触れてきた。これらの登場人物の本格的な研究と関連付けは、本書の本来の趣旨を大きく超えるので、また別の機会に委ねたい。

ただ、こうした試みの積み重ねがあるからこそ、今日ますます、グローバル・ヒストリー（世界史）をアジアから鋳造し直すときを迎えているのだろう。

あとがき

本書はもともと、私の東京外国語大学での退官講義で行った内容を新書形式の本にしたものである。

当初は福沢諭吉の言説を明治維新一五〇年の観点から書く予定で、まずは福澤の原著のメモをパソコンで作っていた。私は通常はそういう方式を取らず、原著の重要な箇所に赤線を引いてテーブルの横に積んでおくだけにする。その方が文章は書きやすい。

ただ福澤の本に赤線を引いていくと、線だらけになってしまう。そのため、メモを作ることにした。故・丸山眞男氏や渡辺利夫氏の解釈をメモに書き加えていくと、大部のメモができてしまった。丸山先生とはカリフォルニア大学バークレー校（UCバークレー校）に留学中に、お会いしたことがある。

彼は、明治維新のプロセスと戦後日本のプロセスが似ていると語っておられた。だったら、戦後日本のプロセスを、その実体験も含めて、彼自身が書くべきだったのではないかと私は考える。そうすれば、現在の学生たちが、丸山眞男の名前を知ることになったであろう。

最終講義から二年の歳月が流れ、私の関心も自ずと変容していった。今年は、各種のテーマを取り込んだ原稿を読者に届くようにするのにかなり苦労した。

ただ、本書の序文を読まれ、出版に関心を持たれたのは、桜美林大学四谷キャンパス「アジア・ユーラシア総合研究所」所長の川西重忠先生だった。川西先生とは、私が『中嶋嶺雄著作選集』第一巻の「解説」を書いたときからのご縁があった。

川西先生は、「うちの方でも似たようなことをやっているのと、福澤と西郷の両方を扱っている本はありませんよ」と言われて出版を受けて頂いた。この場で、感謝の気持ちを示したい。

川西先生とご縁を作ってくださったのは、恩師の故・中嶋嶺雄・前国際教養大学の学長だった。中嶋先生は私が学生の頃、色々な人達に会える機会を与えて頂いた。アメリカに行く前に、中国に連れて行ってくださったのも先生だった。戦後のアメリカの日本の占領政策を「横からの革命」と語った故・永井陽之助氏もその中に含まれる。ここに感謝の気持ちを評したい。

台湾の李登輝元総統とは、一九八九年からの出会いだが、長時間のインタビューに付き合ってもらい、それを単著にすることができた。この本は、台湾で中国語でも刊行されている。

西田哲学や多くの古典を読み直し、総統との意見交換もできた。そこでの結論は「東西文明の融合と日台の心と心の絆」であった。心から謝意を評したい

私が中学、高校の頃は、世界史、日本史と言ってもせいぜい明治維新までしか勉強する機会がなかった。大学受験にその後の新しい問題は出ないという理由からだった。

そういう意味では、私が本格的に日本問題を学ぶ機会を与えられたのは、前記のUCバークレー校に留学してからだった。そこでの恩師で、もの凄くシャープだった・故・チャルマーズ・ジョンソン元教授とその夫人であるシーラ・ジョンソン女史にも謝意を評したい。

私の筑波大学時代の教え子で、政治学だけではなく思想関連にも造詣の深い秋田大学講

師・稲垣文昭夫妻と清水麗・東大東洋文化研究所特任准教授に小見出しを中心に修正をかけてもらい、大変お世話になった。ここで感謝したい。

とはいえ、本書の内容に関する間違いなどについての責任は、ひとえに私自身にあることは言うまでもない。

少しでも多くの読者にこの本が届くことを願ってやまない。

二〇一八年深秋

我孫子の自宅にて、　井尻秀憲

主要参考文献一覧

原著・自伝など

・福澤諭吉『学問のすすめ』、現代語訳、ちくま新書、二〇〇九年。
・福澤諭吉『文明論之概略』、現代語訳、ちくま文庫、二〇一三年。
・福澤諭吉『福翁自伝』現代語訳、ちくま新書、二〇〇〇年。
・福沢諭吉『福翁百話』、現代語訳、角川ソフィア文庫、二〇一〇年。
・福澤諭吉『福沢諭吉幕末・維新論集』、現代語訳、ちくま新書、二〇一二年。
・福沢諭吉『明治十年丁丑公論　瘠我慢の説』、講談社学術文庫、一九八五年。
・勝海舟『氷川清話』、講談社学術文庫、二〇〇〇年。
・『西郷南洲遺訓』、岩波文庫、一九三九年。
・北一輝『日本改造法案大綱』、中公文庫、二〇一四年。
・西田幾多郎『善の研究』、岩波文庫、一九七九年。

・新渡戸稲造『武士道』、岩波文庫、一九七四年。
・李登輝『台湾の主張』ＰＨＰ研究所、一九九九年。
・ヘンリー・キッシンジャー『キッシンジャー回想録（中国、上・下）』岩波書店、二〇一二年。
・マイケル・ピルズベリー『China 2049――秘密裏に遂行される「世界覇権１００年戦略」』、日経ＢＰ社、二〇一五年。

単行本

・サミュエル・ハンチントン『文明の衝突』、集英社、一九九八年。
・サミュエル・ハンチントン『文明の衝突と21世紀の日本』、集英社新書、二〇〇〇年。
・ジョージ・ケナン『アメリカ外交50年』、岩波現代文庫、一九八六年。
・チャルマーズ・ジョンソン『通産省と日本の奇跡』、ＴＢＳブリタニカ、一九八〇年。
・丸山眞男『日本政治思想史研究』、東京大学出版会、一九五二年。
・丸山眞男『福沢諭吉の哲学』、岩波文庫、二〇〇一年。
・丸山真男『「文明論之概略」を読む』（上・中・下）、岩波新書、一九八六年。
・丸山眞男『忠誠と反逆』、ちくま学芸文庫、一九九二年。
・丸山眞男『超国家主義の論理と心理』他八編、岩波文庫、二〇一五年。

・丸山真男『日本の思想』岩波新書、一九六一年。
・松沢弘陽他編『定本　丸山眞男回顧談』（上・下）、岩波現代文庫、二〇一六年。
・渡辺利夫『士魂――福澤諭吉の真実』、海竜社、二〇一六年。
・渡辺利夫『決定版　脱亜論』、育鵬社、二〇一八年。
・村上泰亮『文明の多系史観』、中公叢書、一九九八年。
・竹内好『近代の超克』、筑摩叢書、一九八三年。
・長尾剛『話し言葉で読める「西郷南洲翁遺訓」』、PHP文庫、二〇〇五年。
・松本健一『日本の失敗』、岩波現代文庫、二〇〇六年。
・松本健一『日本のナショナリズム』、ちくま新書、二〇一〇年。
・松本健一『北一輝論』、講談社学術文庫、一九九六年。
・松本健一『竹内好「日本のアジア主義」精読』、岩波現代文庫、二〇〇〇年。
・橋本万太郎編『漢民族と中国社会』、山川出版社、一九八三年。
・小林弘二『戦後日本の知識人は時代にどう向き合ったか』、教育評論社、二〇一五年。
・中西輝政『帝国としての中国』、東洋経済新報社、二〇一三年。
・苅部直『「維新革命」への道』、新潮選書、二〇一七年。
・津本陽『巨眼の男　西郷隆盛』（上・中・下）、新潮文庫、二〇〇四年。

・津本陽『まぼろしの維新――西郷隆盛の最後の十年』、集英社文庫、二〇一八年。
・家近芳樹『西郷隆盛』、ミネルヴァ書房、二〇一七年。
・磯田道史『素顔の西郷隆盛』、新潮新書、二〇一八年。
・岩波新書編集部編『日本の近現代史をどう見るか』、岩波新書、二〇一〇年。
・井尻秀憲『アジアの命運を握る日本』、海竜社、二〇一六年。
・井尻秀憲『中国・韓国・北朝鮮でこれから起こる本当のこと』、育鵬社、二〇一五年。
・井尻秀憲『迫りくる米中衝突の真実』、ＰＨＰ研究所、二〇一二年。
・井尻秀憲『李登輝の実践哲学』ミネルヴァ書房、二〇〇八年。
・井尻秀憲『アメリカ人の中国観』、文春新書、二〇〇〇年。
・井尻秀憲『現代アメリカ知識人と中国』、ミネルヴァ書房、

【著者略歴】

井尻秀憲

1951年福岡県生まれ、1975年3月、東京外国語大学中国語科卒。1980年3月、同大学地域研究研究科修士課程修了。83年12月、カリフォルニア大学バークレー校政治学部博士課程修了。同大学Ph.D（政治学博士）。筑波大学助手、神戸市外国語大学助教授、筑波大学助教授（1994年、在北京日本大使館専門調査員）、1999年10月から東京外国語大学教授、大学院教授を経て、2017年3月に同大学を退職し、同大学名誉教授。近著に『アジアの命運を握る日本』（海竜社）、『中国・韓国・北朝鮮でこれから起こる本当のこと』（育鵬社）などがある。

福澤が夢見たアジア ── 西郷の大変革
── 明治維新一五〇年と日中文明比較論 ──

2018年10月30日　初版第1刷発行

著　者　井尻　秀憲
発行者　川西　重忠
発行所　一般財団法人アジア・ユーラシア総合研究所
〒151-0051　東京都渋谷区千駄ヶ谷1-1-12
Tel/Fax：03-5413-8912
http://www.obirin.ac.jp
E-mail: n-e-a@obirin.ac.jp
印刷所　株式会社厚徳社

2018 Printed in Japan
ISBN978-4-909663-08-5